Paul Heck

Die Prozesskostenrechnung

Historische Entwicklung, Zielsetzung und Einsatzbereiche

Bibliografische Information der Deutschen Nationalbibliothek:

Die Deutsche Nationalbibliothek verzeichnet diese Publikation in der Deutschen Nationalbibliografie; detaillierte bibliografische Daten sind im Internet über http://dnb.d-nb.de abrufbar.

Impressum:

Copyright © Studylab 2019

Ein Imprint der Open Publishing GmbH, München

Druck und Bindung: Books on Demand GmbH, Norderstedt, Germany

Coverbild: Open Publishing GmbH | Freepik.com | Flaticon.com | ei8htz

Inhaltsverzeichnis

Abkürzungsverzeichnis

ABC	Activity-Based Costing
HLB	Hybride Leistungsbündel
Lmi	Leistungsmengeninduziert
Lmn	Leistungsmengenneutral
MJ	Mannjahr
PKR	Prozesskostenrechnung
RPKR	Ressourcenorientierte Prozesskostenrechnung
TDABC	Time-Driven Activity-Based Costing
USA	Vereinigte Staaten von Amerika

Abbildungsverzeichnis

1 Einleitung

Im Zuge der Globalisierung entwickelte sich in den vergangenen Jahrzehnten ein stetig steigender Wettbewerbsdruck. Die Vielzahl heterogener Nachfragegruppen fordern komplexe Bündel aus Sach- und Dienstleistungen. Unternehmen begegnen diesen Veränderungen mit einer zunehmenden Variantenvielfalt, komplexeren Produkten, kürzeren Produktlebenszyklen sowie einer stetig verbesserten Produktqualität. Durch einen steigenden Automatisierungsgrad verschiebt sich der Kostenschwerpunkt in Richtung Produktvorbereitung, -planung, -steuerung und -überwachung. Der Anteil der Gemeinkosten wächst stark an, dass „traditionelle Kostenverfahren" nicht Schritt halten können. Neue Kostenrechnungssysteme sind gefragt, mit denen es gelingt, die Kosten transparent darzustellen und sie exakt den jeweiligen Leistungen zuzurechnen.

Im Jahre 1985 geben Miller und Vollman mit ihrem Aufsatz „The hidden factory" den entscheidenden Auslöser zur Entwicklung eines prozessorientierten Kostenrechnungssystems. Basierend darauf entwickeln Johnson, Kaplan und Cooper das so genannte Activity-Based Costing für den US-amerikanischen Markt. In Deutschland wird das Konzept der Prozesskostenrechnung durch Horváth und Mayer geprägt. Diese nehmen die notwendigen Veränderungen am Activity-Based Costing für die deutschen Gegebenheiten vor.

Die Prozesskostenrechnung ist seither in der Literatur eines der am meisten und intensivsten diskutierten Themen im Bereich des betrieblichen Rechnungswesens.[1] Verfechter des Verfahrens stellen heraus, dass durch die Einführung eine erheblich verbesserte Gemeinkostenplanung und -kontrolle möglich ist und sich die Gemeinkosten verursachungsgerechter auf die Produkte verrechnen lassen.[2] Kritisch dagegen wird u.a. die Schlüsselung der Gemeinkosten oder die Nichtberücksichtigung von Leerkosten gesehen. Zudem wird das Verfahren für innovative Geschäftsmodelle als ungeeignet betrachtet.[3] Vor dem Hintergrund eines erheblichen Aufwands zur Implementierung der Prozesskostenrechnung stellt sich damit die Frage nach der Höhe des Kosten-Nutzen-Faktors.

---

[1] Vgl. Reckenfelderbäumer (1998), Vorwort.
[2] Vgl. Müller (1992), S. 1.
[3] Vgl. Soth (2011), S. 66.

Aufgrund der Kritik finden sich in der Literatur Weiterentwicklungen der Prozesskostenrechnung, die im Rahmen dieser Bachelorarbeit aus einer theoriebasierten Literaturrecherche beleuchtet werden. Im ersten Teil der Arbeit werden zunächst die Umstände beschrieben, welche zur Entwicklung der Prozesskostenrechnung geführt haben. Anschließend wird das Konzept der Prozesskostenrechnung genauer dargestellt, wobei der Fokus auf der historischen Entwicklung, der Vorgehensweise, der Zielsetzung sowie den Einsatzbereichen der Prozesskostenrechnung liegt. Abschließend wird das Verfahren von dem in den USA verbreitetem Activity-Based Costing abgegrenzt. Im dritten Teil werden zunächst die Defizite der Prozesskostenrechnung herausgearbeitet, um dann auf Basis dieser die in der Literatur vorgestellte Weiterentwicklungen zu beschreiben. Es werden Auslöser, sowie Nutzen von Veränderungen systematisch erläutert und die daraus resultierenden Folgen bei der Kostenverrechnung verdeutlicht. Kapitel fünf fasst die im Rahmen der Bachelorarbeit gewonnenen Ergebnisse zusammen, stellt diese einander gegenüber und gibt final einen Ausblick über mögliche zukünftige Forschungsansätze.

2 Situation der Unternehmen

2.1 Veränderung des Unternehmensumfelds

Seit den 1980er Jahren hat sich in Deutschland, wie in fast allen anderen Industrienationen der Welt, das Unternehmensumfeld stark verändert. Erhöhte Dynamik, Komplexität sowie Diskontinuität[4] haben zu einer starken Veränderung der Wettbewerbsbedingungen, der Nachfrageverhältnisse und der Produktionsbedingungen geführt.

Im Zuge der Globalisierung haben sich die Wettbewerbsbedingungen insofern geändert, als dass Unternehmen jeder Größe umdenken mussten, um sich am Markt zu behaupten.[5] Durch den seit 1993 existierenden und mittlerweile 28 souveräne Staaten umfassenden europäischen Binnenmarkt und die damit einher gehenden weitreichenden Liberalisierungs- und Deregulierungsprozesse hat sich der Wettbewerbsdruck erheblich erhöht. Auch die Verknappung strategisch wichtiger Ressourcen, das Imitationsverhalten etwaiger Konkurrenten, die Wirkung neuer Technologien, sowie die Verringerung von Informations- und Wissensvorsprüngen tragen zu dieser Entwicklung bei.[6] All diese Faktoren haben zur Folge, dass es für Unternehmen immer schwieriger ist, sich in teils stark gesättigten Märkten durchzusetzen.[7] Um sich den ständig ändernden Bedingungen anzupassen und sich damit im Wettbewerb behaupten zu können, müssen sie sich fortlaufend über Nachfrage und Konkurrenz informieren. Das Sammeln und Auswerten von Daten ist ein wesentliches Fundament des Unternehmenserfolgs geworden. Es muss zunehmend mehr in Forschung und Entwicklung investiert werden. In immer kürzer werdenden Lebenszyklen werden Produkte überarbeitet oder ganz ersetzt[8] und durch eine Steigerung der Produktvielfalt sowie durch vertikale Integration wird versucht, den Herausforderungen zu begegnen.[9]

Auch die Nachfragebedingungen befinden sich in einem fortlaufenden Wandel und stellen Unternehmen vor immer neue Herausforderungen. Die Wünsche und

---

4   Vgl. Serfling (1992), S. 12ff.
5   Vgl. Rumer (1994), S. 13.
6   Vgl. Picot (1990), S. 121.
7   Vgl. Reckenfelderbäumer (1998), S. 5.
8   Vgl. Kleinaltenkamp/Fließ (1995), S. 958.
9   Vgl. Reckenfelderbäumer (1998), S. 6.

Bedürfnisse der Kunden werden, mitunter durch ein stetig steigendes Einkommen seit den 1960er Jahren, immer spezifischer und daher bieten Unternehmen zunehmend individuelle Produkte an.[10] Die Vielzahl heterogener Nachfragegruppen fordern komplexe Bündel aus Sach- und Dienstleistungen, die entsprechend individuell abgestimmt werden. Viele Märkte haben sich von Verkäufer- zu Käufermärkten entwickelt.[11] Neben dem komplexen und flexiblen Angebot verlangen die Kunden ebenso qualitativ fehlerfreie und hochwertige Produkte. All diese zunehmenden Ansprüche fordern Unternehmen auf der einen Seite heraus ihre Teile-, Material-, und Variantenvielfalt zu erhöhen und auf der anderen Seite ein hohes Maß an Flexibilität und Qualität zu wahren.[12] Auch die Marketing- und Vertriebsabteilungen müssen zunehmend auf individuelle Kundenwünsche eingehen und die potenziellen Käufer mit speziell zugeschnittenen Produkten ansprechen.[13]

Durch die Veränderung des Wettbewerbs, aber vor allem durch die Veränderung der Nachfragebedingungen, die bei einer Erhöhung der aufgelegten Losgröße gleichzeitig geringere Stückzahlen fordert, müssen sich die Produktionsbedingungen stetig verbessern. Die technischen Möglichkeiten dazu sind vorhanden und Unternehmen können die oben genannten Kundenansprüche durch den Einsatz flexibler Fertigungssysteme mit relativ geringen Rüstzeiten kompensieren.[14] Auch Konzepte wie Computer Integrated Manufacturing, Just-in-Time-Dipositionen und Total Quality Management haben an Bedeutung gewonnen[15] und tragen dazu bei, dass die Produktionsbedingungen durch fortlaufenden technischen und wissenschaftlichen Fortschritt von Flexibilisierung, Integration und Automatisierung geprägt sind[16]. Vor allem die Automatisierung hat zur Folge, dass klassische Arbeitsplätze in der Fertigung und Produktion weg fallen und planende, steuernde und kontrollierende Tätigkeiten zunehmend an Bedeutung gewinnen.[17] Diese Veränderung wird durch den ständig wachsenden Kostendruck

---

[10] Vgl. Johnson/Kaplan (1987), S. 217.

[11] Vgl. Remer (2005), S. 15.

[12] Vgl. Remer (2005), S. 13f.

[13] Vgl. Braun (1999), S. 23.

[14] Vgl. Olshagen (1991), S. 27.

[15] Vgl. Reckenfelderbäumer (1998), S. 7.

[16] Vgl. Horváth/Renner (1990), S. 100.

[17] Vgl. Johnson/Kaplan (1987), S. 210.

und dem einhergehenden Rationalisierungszwang weiter erhöht[18], so dass Arbeit langfristig durch Kapital ersetzt wird.[19]

2.2 Auswirkung auf die Kosten

Die aufgeführten Veränderungen haben einen erheblichen Einfluss auf die Strukturen in Unternehmen und damit unmittelbare Auswirkungen auf die Kostenverteilung. Betrachtet man die Kosten nach der Zurechenbarkeit, so gewinnen die indirekten Kosten bzw. die Gemeinkosten immer mehr an Gewicht. Wie Abbildung 1 zeigt, lag das Verhältnis von Einzelkosten zu Gemeinkosten in den 1960er Jahren noch bei 30% zu 70%. In den 1990er Jahren war schon beinahe umgekehrt, mit einem Gemeinkostenanteil von 60% an den Gesamtkosten[20] - Tendenz steigend.[21] 1985 bezeichneten Miller und Vollmann diese indirekten Leistungsbereiche als „Hidden Factory"[22], also als „verborgene Fabrik", zu der insbesondere vorbereitende, planende, koordinierende, steuernde und überwachende, kurz gesagt verwaltende Tätigkeiten zählen. Neue Kostenarten wie zum Beispiel Kosten durch Qualitätssicherung, Forschung & Entwicklung, Logistik, Vertrieb oder Kundendienst gewinnen zunehmend an Bedeutung.[23] Genau dieser Trend schlägt sich in den Gemeinkosten nieder, denn ein Großteil dieser Kosten sind Personalkosten, also Gehälter sowie Gehaltsnebenkosten der Angestellten.[24]

---

[18]   Vgl. Braun (1999), S. 10f.

[19]   Vgl. Remer (2005), S. 12.

[20]   Vgl. Remer (2005), S. 10.

[21]   Vgl. Erben (1991), S. 40.

[22]   Vgl. Miller/Vollmann (1985), S. 142.

[23]   Vgl. Horvath/Mayer (1989), S. 214.

[24]   Vgl. Müller (1992), S. 4.

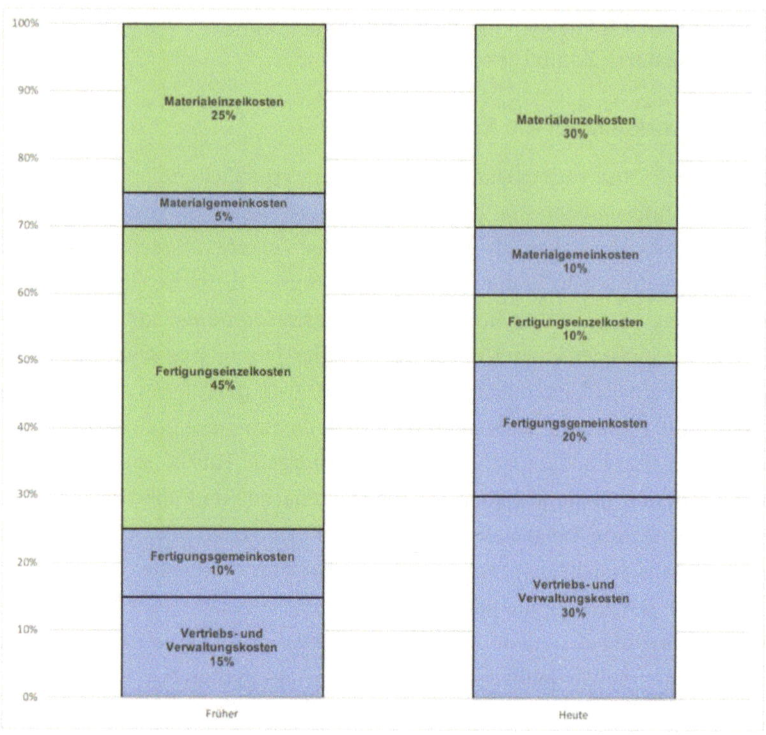

Abbildung 1: Veränderung der Kostenstrukturen[25]

Hinzu kommt, dass ein Großteil der Kosten, wie beispielsweise die Abschreibungen von Maschinen oder der Aufwand für Forschung und Entwicklung unabhängig von der Ausbringungsmenge – also beschäftigungsfix – ist.[26] Das hat für hochtechnisierte Unternehmen zur Folge, dass der Anteil mit der Ausbringungsmenge variierenden Kosten teilweise niedriger als 10% ist.[27]

Dieser Anstieg der Gemeinkosten und die zunehmende Schwierigkeit der Zurechenbarkeit stellt das Management vor neue Herausforderungen. Neben den Versuchen zur Reduktion der Gemeinkosten durch Maßnahmen wie beispielsweise das Business Process Reengineering, Lean Management oder Outsourcing[28], müs-

---

25 Leicht modifiziert nach Böhler (1995), S. 330.

26 Vgl. Reckenfelderbäumer (1998), S. 10.

27 Vgl. Drury (1989), S. 60.

28 Vgl. Reckenfelderbäumer (1998), S. 8.

sen vor allem die Kosten der indirekten Leistungsbereiche transparent gemacht werden. Es besteht also eine besondere Herausforderung an die Kostenrechnung, denn neben den Ursachen der Kostenentstehung bedarf es auch eines Kostenrechnungssystems, das Informationen zur Sicherung des kurz- bis langfristigen Erfolgs bereitstellt.[29] Dass das traditionelle Kostenrechnungssystem diesen Aufgaben nur bedingt gewachsen ist, soll im folgenden Abschnitt dargestellt werden.

2.3 Mängel traditioneller Kostenrechnungssysteme

Im Rahmen der traditionellen Kostenrechnungssysteme wird nach dem Umfang der verrechneten Kosten auf die Kostenträger in Voll- und Teilkostenrechnungssysteme unterschieden.[30] In der Literatur zur Prozesskostenrechnung fällt auf, dass fast ausschließlich von erst genannter Kostenrechnungsart gesprochen wird, was an der Entstehungsgeschichte der prozessorientierten Kostenrechnungssysteme in den USA liegt. Dort war die undifferenzierte Vollkostenrechnung vorherrschend und die in Europa bekannte Verfahren der Teilkostenrechnung wie beispielsweise die Grenzplankosten- und Deckungsbeitragsrechnung haben bis heute wenig Anklang gefunden.[31]

Horváth und Renner weisen darauf hin, dass das traditionelle Kostenrechnungssystem eine Vielzahl an Mängeln aufweist, die immer vorhanden waren, jedoch erst durch die aufgezeigten Veränderungen zu Tage getreten sind.[32] Im Folgenden sollen daher nur die Mängel beleuchtet werden, die mit Hilfe der Prozesskostenrechnung gelöst werden sollen.

2.3.1 Mängel der traditionellen Vollkostenrechnung

Die Vollkostenrechnung ist durch die Verrechnung aller Kosten einer Periode auf die jeweiligen Kostenträger charakterisiert.[33] Das Betriebsergebnis wird durch die Kostenstellen- und Kostenträger- und Kostenartenrechnung ermittelt. Während sich die Einzelkosten den Kostenträgern unmittelbar zurechnen lassen, erfolgt die Zuordnung der Gemeinkosten nach bestimmten Zuschlagssätzen. Für die

---

29 Vgl. Mayer/Glaser (1991), S. 303.

30 Vgl. Schroeter (2002), S. 188.

31 Vgl. Reckenfelderbäumer (1998), S. 12f.

32 Vgl. Horváth/Renner (1990), S. 100.

33 Vgl. Schweikart (1997), S. 41.

drei verschieden Varianten der Zuschlagskalkulation, auf die hier nicht genauer eigegangen werden soll, werden die Zuschlagssätze ermittelt, indem die Gemeinkosten durch eine Zuschlagsbasis beziehungsweise Bezugsgröße dividiert werden.[34]

Der größte Kritikpunkt laut Reckenfelderbäumer liegt darin, dass proportionale Verhältnisse zwischen Gemeinkosten und den Einzelkosten unterstellt werden.[35] Diese pauschale und undifferenzierte Kostenverteilung führt zu einer Verzerrung der Produktkosten.[36] So wird z. B. fälschlicherweise angenommen, dass die Verwaltungsgemeinkosten proportional abhängig von den Produktherstellkosten sind[37], was dazu führt, dass gigantische Zuschlagssätze von mehreren hundert oder sogar tausend Prozent entstehen können. Der immer kleiner werdende Anteil der direkt zurechenbaren Kosten wirkt also wie ein Kostenhebel, sodass minimale Veränderungen der Einzelkosten zu einem gänzlich anderen Ergebnis führen.[38]

Im Ergebnis führt dieses Vorgehen dazu, dass es zu Quersubventionierungen kommt, denn weder Produktionsmengen oder Variantenvielfalt noch die Komplexität der Produkte werden berücksichtigt. Bei Produkten mit hohen Losgrößen, Produkten mit hohem Wert oder einfachen Produkten aus wenigen aber kostenintensiven Einzelteilen kommt es durch Arbeitsvorgänge wie beispielsweise die Materialbestellung, die Qualitätsprüfung oder die Lieferantenbetreuung zu einer teils deutlich zu hohen Zuteilung der Gemeinkosten. Zusammengefasst führt die Verwendung von Zuschlagssätzen dazu, dass Standard- und Massenprodukte im Gegensatz zu Individualprodukten zu hoch kalkuliert werden und dadurch einen zu geringen Deckungsbeitrag aufweisen.[39]

Des Weiteren ist die traditionelle Vollkostenrechnung zwar für die langfristige Planung einsetzbar, für kurzfristige Unternehmensentscheidungen aber gänzlich ungeeignet.[40] Beispielsweise fehlt durch die nicht vorhandene Differenzierung

---

34 Vgl. Brühl (2012), S. 122.

35 Vgl. Reckenfelderbäumer (1998), S. 14.

36 Vgl. Horvath/Mayer (1989), S. 215.

37 Vgl. Coenenberg/Fischer/Günther (2012), S. 147.

38 Vgl. Coenenberg/Fischer (1991), S. 23.

39 Vgl. Remer (2005), S. 21.

40 Vgl. Horváth (2011), S. 410f.

zwischen fixen und variablen Kosten in stark gesättigten Märkten die wichtige Information einer kurzfristigen Preisuntergrenze, um Marktanteile vor der Konkurrenz zu schützen.

2.3.2 Mängel der traditionellen Teilkostenrechnung

Um einigen der erläuterten Mängeln entgegenzuwirken, wurde das Konzept der Vollkostenrechnung um die Teilkostenrechnung erweitert. Fixe und variable Kosten werden durch Verfahren wie das Direct Costing, die Grenzplankosten- oder Deckungsbeitragsrechnung getrennt und stellen damit die Einzelkosten sowie die variablen Gemeinkosten in den Mittelpunkt. Den Kostenträgern werden die variablen Kosten bzw. Einzelkosten sowie die variablen Gemeinkosten über differenzierte Bezugsgrößen zugerechnet, wodurch versucht wird auf die nicht verursachungsgerechten Zuschlagsbasen zu verzichten. Die Fixkosten hingegen werden als Block in der kurzfristigen Ergebnisrechnung ausgewiesen oder im Rahmen der stufenweisen Deckungsbeitragsrechnung anderen Kalkulationsobjekten zugeordnet.[41]

Trotz dieser Maßnahmen wird der Teilkostenrechnung vorgeworfen, die produktionsfernen Bereiche zu vernachlässigen.[42] Die kostentreibenden Faktoren, gerade der enorm gewachsene Anstieg der fixen Gemeinkosten, werden nicht ausreichend analysiert und somit mangelt es auch hier an einer verursachungsgerechten Verrechnung. Ein weiterer Kritikpunkt ist, dass die traditionelle Kostenrechnung zu kurzfristig orientiert ist. Auch wenn sich mit diesem Verfahren kurzfristige Preisuntergrenzen sowie Deckungsbeiträge bestimmen lassen, ist es für langfristige Entscheidungen wenig zu gebrauchen, weil nicht alle Kosten auf die Kostenträger verrechnet werden.[43]

2.3.3 Beurteilung der traditionellen Kostenrechnung

Die traditionelle Kostenrechnung überzeugt heute nicht mehr, da sie Anfang des letzten Jahrhunderts in erster Linie für die Fertigungsbereiche konzipiert wurde. Der Fokus liegt auf der Zurechnung der direkten Kosten wohingegen die Kosten

---

[41] Vgl. Eberlein (2010), S. 157.

[42] Vgl. Horváth/Mayer (1989), S. 215.

[43] Vgl. Remer (2005), S. 25.

der produktionsfernen Bereiche vernachlässigt werden.[44] Der immer größer werdende Anteil der indirekten Leistungsbereiche an den Gesamtkosten, wie beispielsweise die Arbeitsvorbereitung oder fernere Bereiche wie Finanz- und Rechnungswesen wurden immer mehr zu „schwarzen Löchern" bei denen sowohl Voll- als auch Teilkostenrechnungssysteme versagten.[45]

Damit lässt sich feststellen, dass die traditionellen Verfahren die gestiegenen Gemeinkosten in den indirekten Leistungsbereichen nicht transparent darstellen und nicht verursachergerecht verteilen können. Wichtige Informationen, die zur Rationalisierung und damit zu Wettbewerbsvorteilen beitragen können, gehen somit verloren. Aus den beschriebenen Veränderungen, denen Unternehmen ausgesetzt waren und der Tatsache, dass traditionelle Kostenrechnungssysteme diesen nicht ausreichend entsprechen, kam es zur Entwicklung der Prozesskostenrechnung.

---

[44] Vgl. Reckenfelderbäumer (1998), S. 13.
[45] Vgl. Kieninger (1991), S. 131.

3 Die Prozesskostenrechnung

3.1 Entwicklung der Prozesskostenrechnung

Den entscheidenden Anstoß zur Entwicklung der Prozesskostenrechnung (PKR) gaben Miller und Vollmann 1985 mit ihrem Aufsatz „The hidden factory"[46]. Zu dieser Zeit dominierte in den USA insbesondere das Absorption Costing, welches einer Form der starren Vollkostenrechnung gleichkommt, sowie das Standard Costing, das etwa der Plankostenrechnung auf Vollkostenbasis entspricht.[47] In ihrem Aufsatz stellen die Autoren kein neues Kostenrechnungssystem vor, sondern machen auf die in den vorherigen Kapiteln beschriebenen Probleme der steigenden Gemeinkosten sowie die Mängel der traditionellen Kostenrechnungssysteme aufmerksam und fordern eine Berücksichtigung der kostentreibenden Faktoren.[48]

Fortan wurde in der amerikanischen Literatur über mögliche Ansätze diskutiert, bis Johnson und Kaplan Ende der 80er Jahre die erste konzeptionelle Umsetzung der zuvor gemachten Vorschläge vorstellten. Zusammen mit Cooper schufen sie, durch eine Vielzahl individueller sowie gemeinsamer Veröffentlichungen die Grundlage des heute in den USA verwendeten Activity-Based Costing (ABC).[49]

Auch wenn der wissenschaftliche Ursprung in den USA liegt, muss angemerkt werden, dass zur gleichen Zeit und teilweise schon früher, in Deutschland prozessorientierte Rechnungssätze entworfen und eingesetzt wurden.[50] Die Firma SIEMENS beschäftigte bereits 1975 eine Arbeitsgruppe, die sich mit der Entwicklung einer „prozessorientierten Kostenrechnung" auseinandersetzte[51] und führte diese etwa sechs Jahre später in einem Werk für Elektromotoren ein.[52] Auch die Firma Schlafhorst verfolgt seit Anfang der 80er Jahre – also beinahe zehn Jahre vor Veröffentlichung der Arbeiten von Johnson, Kaplan und Cooper – ein internes Prozesskostenrechnungssystem.

---

[46] Vgl. Miller/Vollmann (1985), S. 142-150.

[47] Vgl. Stoi (1999), S. 8.

[48] Vgl. Miller/Vollmann (1985), S. 142-150.

[49] Vgl. Soth (2011), S. 14.

[50] Vgl. Reckenfelderbäumer (1998), S. 20.

[51] Vgl. Horváth/Mayer (1995), S. 59.

[52] Vgl. Müller (1992), S. 56.

Trotz dieser praxisnahen Ansätze schaffte die Prozesskostenrechnung ihren Durchbruch im deutschsprachigen Raum erst 1989[53] durch den von Horváth und Mayer veröffentlichten Beitrag „Prozesskostenrechnung - Der neue Weg zu mehr Kostentransparenz und wirkungsvolleren Unternehmensstrategien".[54] In dem Aufsatz beschreiben sie die PKR, aufbauend auf dem ABC von Johnson, Kaplan und Cooper, als ein System, das die Kostentransparenz der indirekten Leistungsbereiche erhöht, den effizienten Einsatz von Ressourcen sicherstellt und die Produktkalkulation optimiert, um infolgedessen strategische Fehlentscheidungen zu unterbinden.[55] Die verzögerte Verbreitung in Deutschland ist darauf zurückzuführen, dass Unternehmen durch die Grenzplankosten- und Deckungsbeitragsrechnung laut Stoi über ein durchaus differenziertes Kostenrechnungssystem verfügten und die Notwendigkeit geringer als in den USA war.[56]

Seit der Veröffentlichung des Aufsatzes von Horváth und Mayer haben sich zahlreiche andere Autoren der prozessorientierten Kostenrechnung zugewandt und diese weiterentwickelt. Demzufolge existiert heute eine große Bandbreite an – teils sehr kontroversen – Literaturmeinungen.[57]

3.2 Vorgehen der Prozesskostenrechnung

Die Prozesskostenrechnung im weiteren Sinne umfasst alle Kostenrechnungssysteme, die Gemeinkosten prozessbezogen durch adäquate Bezugsgrößen verrechnet. Unter der Prozesskostenrechnung im engeren Sinne wird der Grundgedanke von Horváth und Mayer verstanden.[58] Um die Unterschiede zum Activity-Based Costing in Abschnitt 3.5, die Kritik am Verfahren und die daraus folgenden Modifikationen an einzelnen Stellen der Prozesskostenrechnung im Kapitel 4 verstehen zu können, werden im Folgenden die einzelnen Schritte der klassischen Prozesskostenrechnung in engeren Sinne beschrieben. In der Literatur findet sich eine Vielzahl verschiedener Herangehensweisen zur Erklärung des Verfahrens.

---

[53] Vgl. Stoi (1999), S. 14f.

[54] Vgl. Horváth/Mayer (1989), S. 214-219.

[55] Vgl. Horváth/Mayer (1989), S. 216.

[56] Vgl. Stoi (1999), S. 12.

[57] Vgl. Reckenfelderbäumer (1998), S. 20.

[58] Vgl. Götze (2010), S. 218.

Der hier beschriebene Aufbau richtet sich nach Horváth und Mayer und ist in fünf Teilschritte unterteilt:[59]

1. Schritt: Bestimmung der einzubeziehenden Bereiche und Definition der Zielsetzung

Weil es nicht ratsam ist, die Prozesskostenrechnung sofort im ganzen Unternehmen zu implementieren,[60] besteht der erste Schritt in der Auswahl geeigneter Bereiche. Eine Integration macht zu Anfang in den Bereichen Sinn, deren Gemeinkostenvolumen hoch ist, die Kostenstrukturen undurchsichtig sind[61] und in denen ein hohes Rationalisierungspotenzial vermutet wird.[62] Sollen bspw. zunächst „schnelle Ergebnisse mit geringem Aufwand" erzielt werden, so ist eine Analyse der produktionsnahen Bereiche wie der Arbeitsvorbereitung oder der Qualitätssicherung empfehlenswert.[63] In Abschnitt 3.4 werden die Entscheidungskriterien und Anwendungsbereiche der Prozesskostenrechnung noch einmal genauer beleuchtet, so dass hier auf eine weitere Ausführung verzichtet wird.

2. Schritt: Bestimmung möglicher Hauptprozesse und Kostentreiber

Bevor die eigentliche Analyse stattfindet, ist eine vorläufige Hauptprozessstruktur mit den Kostentreibern zu bestimmen.[64] Ein Hauptprozess kann allgemein als eine Abfolge von logisch zusammenhängenden, homogenen sowie kostenstellenübergreifenden Tätigkeiten verstanden werden, die demselben Kosteneinflussfaktor angehören.[65] Die sogenannten Kostentreiber dienen als Maßgrößen, um die Anzahl der Prozessdurchführungen und damit das Leistungsvermögen der Hauptprozesse messen zu können.[66] So ist der Kostentreiber für den Hauptprozess „Abwicklung Wareneingang" bspw. „die Anzahl der Eingangspositionen". Hoitsch gibt jedoch zu bedenken, dass die beanspruchten Kapazitätsanteile aufgrund von unterschiedlichen Maßgrößeneinheiten nicht vergleichbar sind und schlägt

---

59   Vgl. Horváth/Mayer (1995), S. 70ff.

60   Vgl. Stoi (1999), S. 25.

61   Vgl. Stoi (1999), S. 25.

62   Vgl. Horváth/Renner (1990), S. 102.

63   Vgl. Olshagen (1991), S. 36f.

64   Vgl. Horváth/Mayer (1995), S. 71.

65   Vgl. Mayer (1998), S. 8; Stoi (1999), S. 25.

66   Vgl. Dobrindt (2003), S. 7-11.

die Bezugsgröße „Mitarbeitsjahre" vor, um dem Problem einheitlich entgegen zu wirken.[67]

Im Zuge der Tätigkeitsanalyse im folgenden Schritt kann es durch neue Erkenntnisse immer wieder zu Beeinflussungen der Prozessstruktur und -hierachie kommen, was dazu führt, dass sich andere Hauptprozesse möglicherweise als logischer erweisen.[68] Nichtsdestotrotz ist eine Teilprozesserhebung in der Tätigkeitsanalyse schwierig ohne eine Vorstellung über die Hauptprozesse zu haben, denn es gibt keine Indizien zur Strukturierung und Aufteilung des Aufgabenvolumens der Kostenstellen in Teilprozesse.[69] Aus diesem Grund ist eine Hypothese zu möglichen Hauptprozessen und deren Kostentreibern bereits zu Beginn notwendig, wenngleich aus wirtschaftlichen Gründen keine übermäßige Differenzierung vorgenommen werden sollte.[70]

3. Schritt: Analyse der Tätigkeiten und Teilprozesse

Um die jeweiligen Tätigkeiten einer Kostenstelle zu identifizieren und diese einem Verbrauch von Ressourcen zuordnen zu können, folgt im dritten Schritt die Tätigkeitsanalyse auf Basis der zuvor festgelegten Hauptprozesse und Kostentreiber.[71] Dazu bieten sich Verfahren wie bspw. die Befragung der Kostenstellenleiter, die Dokumentenanalyse oder bereits vorhandene Erkenntnisse einer Gemeinkostenwertanalyse an.[72] Wie Abbildung 2 dargestellt, werden im nächsten Schritt die gefundenen Tätigkeiten, deren Anzahl je nach Komplexität der analysierten Kostenstelle sowie dem Genauigkeitsgrad der Erhebung variiert, strukturiert und den kostenstelleninternen Teilprozessen zugeordnet[73]. Ein Teilprozess ist eine Bündelung aus sachlich zusammenhängenden Tätigkeiten der gleichen Kostenstelle und damit ein Bindeglied zwischen Kostenstellenkosten und den kostenstellenübergreifenden Hauptprozessen.[74]

---

[67] Vgl. Hoitsch/Lingnau (2007), S. 202.
[68] Vgl. Horváth/Mayer (1995), S. 71.
[69] Vgl. Mayer (1990), S. 310.
[70] Vgl. Barth/Barth (2008), S. 325.
[71] Vgl. Remer (2005), S. 101.
[72] Vgl. Horváth/Renner (1990), S. 102.
[73] Vgl. Stoi (1999), S. 25.
[74] Vgl. Coners/von der Hardt (2004), S. 108f.

Im Anschluss an die Identifizierung aller Teilprozesse erfolgt eine Untersuchung der Abhängigkeit von dem zu erbringendem Leistungsvolumen der Kostenstelle.[75] Es wird zwischen lmi- und lmn-Prozessen unterschieden. lmi-Prozesse sind sogenannte leistungsmengeninduzierte Prozesse, deren Kosten proportional zur Ausbringungsmenge steigen. lmn-Prozesse hingegen sind leistungsmengenneutrale Prozesse, was bedeutet, dass die anfallenden Kosten unabhängig vom Leistungsvolumen sind.[76]

Nach dieser Unterteilung werden für die lmi-Prozesse adäquate Maßgrößen ermittelt. Weil sie im Gegensatz zu lmn-Prozessen durch Repetitivität, einen geringeren Entscheidungsspielraum und einen gleichmäßigen Ressourcenbedarf gekennzeichnet sind, vor allem aber weil sie sich vom Leistungsvolumen der Kostenstelle mengenvariabel verhalten, können sie durch Prozessgrößen quantifiziert werden. Diese Maßgrößen sollen den quantitativ wertmäßigen Ressourcenverbrauch abbilden und damit die präzise Verteilung der Ressourcenkosten jeder Kostenstelle gewährleisten.[77]

Anzumerken gilt, dass die zuvor beschriebenen Kostentreiber der Hauptprozesse nicht gleichzusetzen sind mit den kostenstelleninternen Maßgrößen für die lmi-Teilprozesse. In Abbildung 2 ist dieser Unterschied an einem Fallbeispiel veranschaulicht. Der Hauptprozess „Abwicklung Wareneingang", in der obersten Ebene dargestellt, ist abhängig vom Kostentreiber „Anzahl Eingangspositionen". Die Maßgröße „Anzahl Eingangspositionen" hat hingegen Einfluss auf den eine Ebene tiefer liegenden Teilprozess „Wareneingabe bearbeiten".

---

[75] Vgl. Horváth et al., 1993, S. 613.

[76] Vgl. Stoi (1999), S. 25f.

[77] Vgl. Remer (2005), S. 115f.

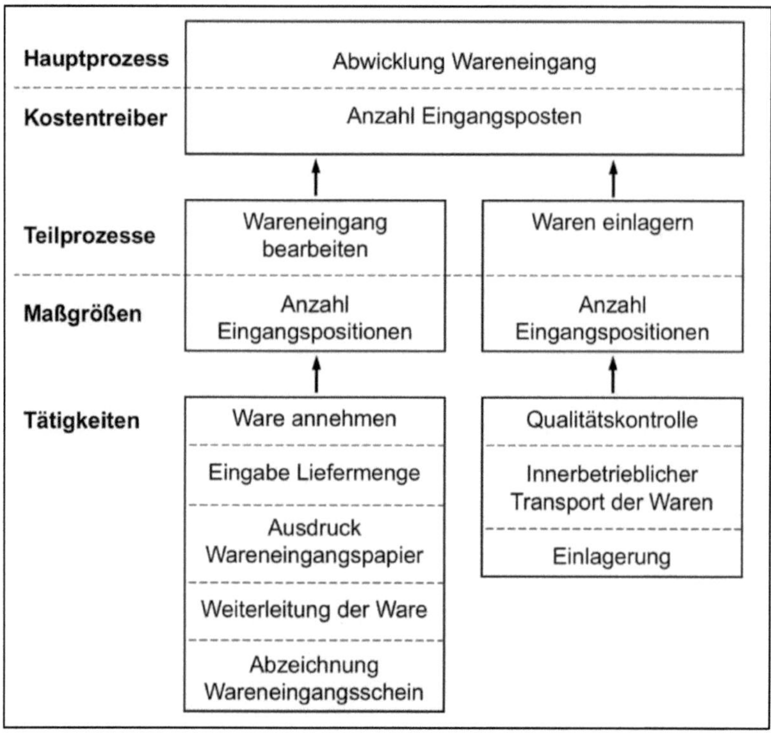

Abbildung 2: Beispiel einer Hauptprozessverdichtung[78]

4. Schritt: Kapazitäts- und Kostenzuordnung

Im vierten Schritt erfolgt die Verteilung der gesamten zuvor ermittelten Kosten der Kostenstellen auf die Teilprozesse des jeweiligen Leistungsbereichs.[79] Im Rahmen der sogenannten Prozesskostenstellenrechnung werden die Kosten, wie bereits erwähnt mit Hilfe der Personalkosten verteilt. Weil diese Kostenart den größten Anteil der Gemeinkosten bilden, erweist sich die Methode als naheliegend, wobei für andere Kostenstrukturen weitere Verrechnungsbasen verwendet werden.[80] Weil die Beschreibung der weiteren Verfahren diese Arbeit übersteigt, wird auf darauf nicht weiter eingegangen.

---

[78] Leicht modifiziert nach Horsch (2010), S. 255.

[79] Vgl. Horváth/Mayer (1995), S. 72f.

[80] Vgl. Stoi (1999), S. 27.

Im ersten Schritt erfolgt die Analyse der Mannjahre (MJ) die pro Kostenstelle benötigt werden. Ein MJ ist die tatsächliche Arbeitszeit eines Mitarbeiters, die dem Unternehmen innerhalb eines Jahres zur Verfügung steht. Durch die Division der insgesamt anfallenden Kosten der jeweiligen Kostenstelle durch die Anzahl der Mitarbeiter erhält man die Kosten eines MJ. Im folgenden Schritt wird der Anteil der Mittarbeiterkapazität der Teilprozesse je Kostenstelle ermittelt, um letztendlich durch die Multiplikation der Kosten pro MJ und dem Anteil des Teilprozesses die jährlichen Prozesskosten des Teilprozesses zu errechnen.[81]

Auch die angefallenen Kosten der leistungsneutralen Prozesse wie bspw. Raum-, Wasser- oder Büromaterialkosten müssen in die Kalkulation aufgenommen werden. Weil diese Kosten in der Regel im Verhältnis relativ gering ausfallen und sich meist verhältnisgleich zu den lmi-Prozesskosten verhalten, werden sie klassischerweise proportional zur Höhe der lmi-Prozesskosten auf die Teilprozesse umgelegt. Wie in Abbildung 3 zu erkennen wird ein Umlagesatz ermittelt, indem die lmn-Kosten durch die lmi-Kosten eines Prozesses dividiert werden.[82] Alternativ werden die Kosten der lmn-Prozesse in einer stellenübergreifenden Sammelposition aggregiert und die Kostenträger nachfolgend im Rahmen der Kalkulation mit einem prozentualen Aufschlag auf die Gesamtsumme der Produkteinzel- und -prozesskosten belastet.[83]

Zuletzt werden die sogenannte Teilprozesskostensätze ermittelt. Diese Kosten, die bei einer einmaligen Durchführung eines Teilprozesses anfallen, werden durch die Division der Teilprozesskosten sowohl durch die Maßgrößenmenge der lmi-Prozesse, als auch durch die Gesamtkosten errechnet.[84] Zum besseren Verständnis der Prozesskostenstellenrechnung, zeigt Abbildung 3 ein Rechenbeispiel nach der oben erläuterten Vorgehensweise für die Kostenstelle „Versand":

---

[81] Vgl. Stoi (1999), S. 27.
[82] Vgl. Stoi (1999), S. 27.
[83] Vgl. Coenenberg/Fischer (1991), S. 30f; Reckenfelderbäumer (1995), S. 95.
[84] Vgl. Stoi (1999), S. 28.

Kostenstelle Versand

Kapazität 10 MJ   Kosten pro MJ: 60.000€   Kosten: 600.000€

Teilprozess		Maßgrößen		Kostenzurechnung	Teilprozesskosten (€)			Teilprozesskostensatz (€)	
Nr.	Bezeichnung	Art	Menge	Basis MJ	Lmi	Lmn	Summe	Lmi	Gesamt
1	Ware in Paketen Verpacken	Pakete	500	0,5	30.000	6.000	36.000	60	72
...	...	...	...	...	...	...	...	...	...
5	Abteilung leiten					100.000			
	Summe			10			600.000		

1) Ermittlung des Lmn-Umlagesatzes der Kostenstelle Versand

$$\text{Lmn Umlagesatz:} \quad \frac{Lmn - Prozesskosten}{Lmi - Prozesskosten} = \frac{100.000€}{500.000€} = 0,2$$

2) Anwendung des Lmn-Umlagesatzes auf den Teilprozess Nr. 1

$$30.000€ \times 0,2 = 6.000€$$

3) Ermittlung des Lmi-Teilprozesskostensatzes des Teilprozesses Nr. 1

$$\text{Lmi-Teilprozesskostensatz:} \quad \frac{30.000€}{500\ Ausführungen} = 60\ ^€/_{Ausführung}$$

$$\text{Gesamt-Teilprozesskostensatz:} \quad \frac{36.000€}{500\ Ausführungen} = 72\ ^€/_{Ausführung}$$

Abbildung 3: Prozesskostenstellenrechnung am Beispiel der Kostenstelle "Versand" [85]

5. Schritt: Hauptprozessverdichtung

Nach der Zuordnung der Kapazitäten und Kosten werden im letzten der fünf Schritte die einzelnen, sachlich zusammenhängenden Teilprozesse und ihre ermittelten Teilprozesskostensätze zu Hauptprozessen zusammengefasst.[86] Dadurch lassen sich die kostenstellenübergreifenden Betriebsvorgänge darstellen, die einen Großteil der Gemeinkosten verursachen[87]. Ein Hauptprozess lässt sich definieren als die Zusammenfassung mehrerer sachlich zusammenhängender (Teil-) Prozesse, die der gleichen oder mehreren unterschiedlichen Kostenstellen zugehören können. Zusätzlich wird ist ein Teilprozess, der sich anderen Teilprozessen nicht zuordnen lässt, mit einem (unechten) Hauptprozess gleichgesehen.[88] Im Rahmen der Hauptprozessverdichtung kann es durch die Interaktion der Be-

---

[85] In Anlehnung an Horváth/Mayer (1995), S. 72.
[86] Vgl. Horváth/Mayer (1995), S. 74.
[87] Vgl. Götze (2010), S. 224.
[88] Vgl. Horváth/Renner (1990), S. 102.

teiligten zur Anregung neuer Hauptprozesse kommen. Um zu einem finalen Ergebnis zu gelangen, kann eine Iteration der Schritte notwendig sein.[89]

Wenn alle Teilprozesse zu Hauptprozessen verdichtet sind, folgt im Anschluss die Ermittlung der Hauptprozesskostensätze. Dabei handelt es sich – ähnlich wie zuvor für die Teilprozesse in Schritt 4 – um Kosten, welche für die einmalige Durchführung eines Hauptprozesses anfallen.[90] Zur Berechnung werden die Teilprozesskosten sowohl für lmi-Prozesskosten als auch für die Gesamtkosten (lmi+lmn) kumuliert und jeweils durch die Kostentreibermenge dividiert.

Die mittels der klassischen Prozesskostenrechnung bestimmten Prozesskostensätze können bspw. der Weiterrechnung auf Prozesse höherer Hierarchieebenen, Kostenträger sowie andere Kostenstellen dienen oder zur Wirtschaftlichkeitskontrolle genutzt werden.[91] Um die Selbstkosten jeder Kostenträgereinheit feststellen zu können, werden die Hauptprozesskosten mehrheitlich in die Kostenträgerstückrechnung überführt, welche als Grundlage der prozessorientierten Kalkulation dienen.[92]

3.3 Charakterisierung und Zielsetzung der Prozesskostenrechnung

Die Prozesskostenrechnung ergänzt die traditionellen Kostenarten-, Kostenstellen- und Kostenträgerrechnung und stellt kein vollkommen neues Kostenrechnungssystem dar. Planung, Steuerung und die Kontrolle der Gemeinkosten, ebenso wie ihre Handhabung im Bereich der Kalkulation sind die Ziele und Aufgaben der Prozesskostenrechnung. Dafür wird sie als strategisches Entscheidungs- und Kontrollinstrument im Rahmen des Gemeinkostenmanagements verwendet.[93] Auch wenn es in der Literatur eine Vielzahl von Strukturen der Ziele bzw. der damit einhergehenden Aufgaben gibt, lassen sich diese auf zwei Aufgabenfelder beschränken:

Auf der einen Seite liegt die Kalkulationsaufgabe der Prozesskostenrechnung. Im Gegensatz zu anderen traditionellen Kostenrechnungsverfahren soll für eine verursachungsgerechte Verteilung von Fix-, insbesondere aber von Gemeinkosten

---

[89] Vgl. Remer (2005), S. 114.

[90] Vgl. Remer (2005), S. 144.

[91] Vgl. Dobrindt (2003), S. 12.

[92] Vgl. Horváth/Mayer (1993), S. 27.

[93] Vgl. Reckenfelderbäumer (1998), S. 28.

gesorgt werden. Es sollen also die tatsächlichen Selbstkosten errechnet werden und für die Produktkosten, die im vorherigen Kapitel angesprochene Verzerrung minimiert werden.[94] Zur Erreichung der Verursachergerechtigkeit, müssen den Produkten möglichst genau die Kosten der Aktivitäten zugerechnet werden, welche in Anspruch genommen wurden.[95] So wird der Fehlallokation von Gemeinkosten bei der klassischen (Zuschlags-) Kalkulation entgegengewirkt.[96]

Des Weiteren sorgt die Prozesskostenrechnung pro weiter hergestellter Mengeneinheit für degressiv fallende Kosten, wohingegen bei der Zuschlagskalkulation die Gemeinkosten je Mengeneinheit konstant gleich bleiben. Der so genannte Degressionseffekt beschreibt die Anpassung der Gemeinkosten an die Stückzahl. Die Kosten zur Bearbeitung einer Kundenbestellung sind bspw. weitestgehend unabhängig von der nachgefragten Menge und dürfen deshalb nicht proportional mit dieser wachsen.[97] Als weitere Aufgabe zur genaueren Kalkulation verdeutlicht die Prozesskostenrechnung, dass komplexe und variantenreiche Produkte einen folgenreichen Kosteneinflussfaktor der Gemeinkostenverursachung darstellen, der so genannte Komplexitätseffekt.[98]

Das zweite große Aufgabenfeld neben der Kalkulationsaufgabe stellen die Aufgaben im Rahmen des Prozessmanagements kongruierend mit der Steigerung der Effektivität dar. Durch mehr Transparenz hinsichtlich der Prozesse in den Gemeinkostenbereichen kann die Prozesskostenrechnung als ein Gestaltungsinstrument zu mehr Effizienz verstanden werden. Eine verbesserte Wirtschaftlichkeitskontrolle findet statt, denn die Prozesskostenrechnung liefert die Möglichkeit, kostenstellenübergreifende Prozesse zu untersuchen und stellt damit eine wesentliche Neuerung gegenüber den klassischen Verfahren dar. Das oft zu enge Stellendenken wird überwunden und einzelne Verhaltensweisen können hinsichtlich ihrer Wirtschaftlichkeit aufgeschlüsselt werden.[99]

Des Weiteren verhilft die Prozesskostenrechnung durch das Darlegen der Kosten, die in den einzelnen Stellen anfallen, zu einer präziseren Überwachung und Steu-

---

[94] Vgl. Remer (2005), S. 48.
[95] Vgl. Reckenfelderbäumer (1998), S. 29f.
[96] Vgl. Horsch (2010), S. 249f.
[97] Vgl. Horsch (2010), S. 251.
[98] Vgl. Coenenberg/Fischer (1991), S. 32f.
[99] Vgl. Reckenfelderbäumer (1998), S. 30f.

erung der Kapazitätsauslastung in den indirekten Leistungsbereichen. Der Ressourcenverbrauch lässt sich den Tätigkeiten und Prozessen zuordnen, wodurch ein weiteres Optimierungspotenzial besteht. Damit wird fundierte Hilfestellung im Hinblick auf eigene Herstellung oder Fremdbezug gegeben, es wird geholfen die Schnittstellen zwischen verschiedenen Abteilungen zu überwinden und es wird zur Aufdeckung von Wettbewerbsvor- oder -nachteilen beigetragen, um nur einige positive Aspekte zu nennen.[100]

Zusammengefasst lässt sich sagen, dass durch die Prozesskostenrechnung primär in den Bereichen, die für den Nachfrager wenig bis keinen Nutzen bieten, eine Reduktion der Gemeinkosten erreicht werden soll. Sowohl als Ergänzung wie auch als Ersatz für bestehende Methoden sollen zudem wichtige Informationen geliefert werden, die strategische Entscheidungen fundieren und somit einer Fehlsteuerung entgegnen.

3.4 Einsatzbereiche

Während ein Großteil der amerikanischen Literatur von einer Anwendbarkeit der Prozesskostenrechnung bzw. des Activity-Based Costing auf alle Unternehmensbereiche und alle betrieblichen Kosten spricht[101], macht eine Differenzierung in Deutschland mehr Sinn. Zum einen wird die Prozesskostenrechnung nicht als ein alternatives sondern als ein ergänzendes Verfahren angesehen und zum anderen gibt es hier teils genauere Techniken zur Verrechnung der Kosten.

Wie bereits in den vorherigen Abschnitten beschrieben ist die prozessorientierte Kostenrechnung gemäß der Zielsetzung einer höheren Kostentransparenz auf die indirekten Leistungsbereiche begrenzt. Der Einsatzbereich ist auf Prozesse ausgelegt, die einen relativ hohen Standardisierungsgrad haben und repetitive Abfolgen aufweisen. Zudem sollte der Entscheidungsraum der Mitarbeiter begrenzt sein.[102] Hingegen weniger geeignet ist die Prozesskostenrechnung für innovative Prozesse wie bspw. die Neuproduktentwicklung oder für Prozesse mit großem Entscheidungsspielraum z. B. in Hinsicht auf die Personalführung.[103]

---

[100] Vgl. Reckenfelderbäumer (1998), S. 32.
[101] Vgl. Reckenfelderbäumer (1998), S. 49.
[102] Vgl. Coenenberg/Fischer (1991), S. 25.
[103] Vgl. Horsch (2010), S. 247.

Auch wenn die Anwendbarkeit der Prozesskostenrechnung auf alle Unternehmensbereiche theoretisch möglich ist, macht es aus wirtschaftlicher Sicht Sinn, die Ausdehnung auf bestimmte Bereiche bzw. Kostenstellen zu beschränken. Die Konzentration sollte dabei auf betriebliche Kostenschwerpunkte, also Gemeinkostenbereiche mit einem hohen Kostenvolumen und auf Ressourcen, die von einer Vielzahl unterschiedlicher Produkte oder Produktarten beansprucht werden, liegen.[104]

Auch hinsichtlich der Gemeinkostenart gibt es Unterschiede in der Anwendbarkeit. Während es für Materialgemeinkosten, allgemeine Fertigungsgemeinkosten sowie Vertriebsgemeinkosten eine klare Einsatzempfehlung der Prozesskostenrechnung gibt, bleibt es für die Verwaltungsgemeinkosten meist beim Verwaltungsgemeinkostenzuschlagsatz. Dies liegt daran, dass die Zuordnung der entstehenden Kosten auf Produkte von Bereichen wie bspw. dem Rechnungswesen schwer zu realisieren ist. Auch für fertigungsnahe Gemeinkosten besteht keine Einsatzempfehlung der Prozesskostenrechnung wohingegen Verfahren wie die Grenzplankostenrechnung, die mehrstufige Deckungsbeitragsrechnung oder auch die Maschinenstundensatzrechnung deutlich besser geeignet sind.[105]

3.5 Vergleich zum Activity-Based Costing

Nachdem in den vorherigen Abschnitten und Kapiteln hauptsächlich von der in Deutschland vertretenen Prozesskostenrechnung gesprochen wurde, sollen in diesem Abschnitt die Unterschiede und Gemeinsamkeiten zum in den USA vertretenen Activity-Based Costing erläutert werden. Der Auslöser zur Entwicklung beider prozessorientierter Kostensysteme war der enorme Anstieg des Gemeinkostenanteils und die erstmalige Behandlung des Problems in der Literatur durch den genannten Artikel „The hidden factory". Während das ABC in den USA auf Grund von Schwächen des dort gennutzten Rechnungswesens in den Fertigungsbereichen schnell Anklang fand, dauerte es in Deutschland einige Jahre länger bis sich hier intensiv mit dem Thema auseinandergesetzt wurde. Grund dafür war, dass mit der Grenzplankostenrechnung bzw. Deckungsbeitragsrechnung bereits ein qualitativ besseres Kostenrechnungssystem bestand.[106]

---

[104] Vgl. Reckenfelderbäumer (1998), S. 51f.
[105] Vgl. Horsch (2010), S. 274.
[106] Vgl. Stoi (1999), S. 12.

Daraus abgeleitet unterscheiden sich die Zielsetzung beider Systeme. Weil in den USA das traditionelle Kostenrechnungssystem die Gemeinkosten in den Produktionsbereichen nur mangelhaft behandelt, liegt der Fokus des ABC auf der verursachungsgerechten Verrechnung der Kosten auf die Produkte.[107] Langfristige Preis- und Programmentscheidungen durch die Ermittlung der Produktkosten sind zentrale Aufgaben.[108] In Deutschland hingegen liefert die Grenzplankostenrechnung in diesen Bereichen gute Ergebnisse, weshalb der Fokus der PKR eher im Management der Gemeinkosten in den fertigungsferneren Bereichen liegt.[109] Die Produktkalkulation spielt eine geringe Rolle, wohingegen die Schaffung von Transparenz sowie die Bereitstellung von Informationen für mittel- bis langfristige Unternehmensentscheidungen die Hauptziele darstellen.[110] Wie Abbildung 4 zeigt, überschneiden sich die beiden Methoden im Einsatzfeld dennoch in weiten Teilen. Das Einsatzfeld des ABC erstreckt sich von den Produktionsbereichen über die unmittelbaren hin zu einigen mittelbaren Leistungserstellungsaktivitäten. Das Einsatzfeld der Prozesskostenrechnung geht darüber hinaus und erfasst teilweise auch singuläre Aktivitäten. Dagegen fällt hierzulande der direkte Leistungserstellungsbereich in das Einsatzfeld der Grenzplankostenrechnung.

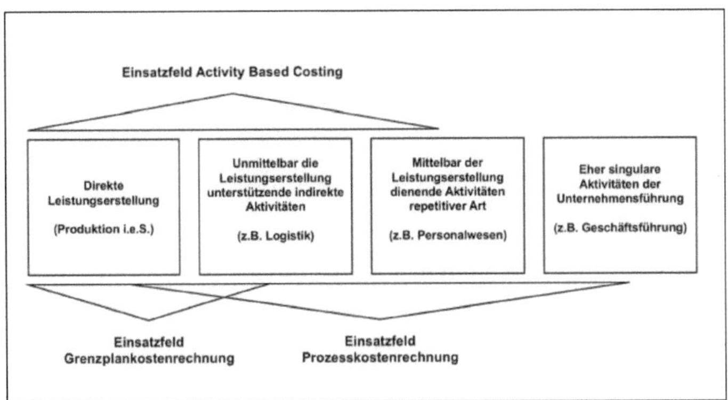

Abbildung 4: Abgrenzung der Einsatzfelder der Prozesskostenrechnung und des Activity Based Costing[111]

---

[107] Vgl. Horváth et al. (1993), S. 611.
[108] Vgl. Krump (2003), S. 29.
[109] Vgl. Stoi (1999) S. 31.
[110] Vgl. Krump (2003), S. 29.
[111] In Anlehnung an Horváth/Mayer (1995), S. 60.

Vergleicht man die genaue Vorgehensweise beider Methoden, so gibt es eine Vielzahl von Unterschieden im Aufbau. Im Folgenden sollen nur die wesentlichen Unterschiede beleuchtet werden, um die Modifikationen in Kapitel 4 nachvollziehen zu können.

Während die in Abschnitt 3.3 erläuterten ersten Schritte nach Horváth und Mayer noch kaum von der Vorgehensweise des ABC zu differenzieren sind, ergeben sich bei der Zusammenfassung der Tätigkeiten erste Unterschiede. Während die PKR über eine Prozesshierarchie[112] verfügt, kennt das ABC im Allgemeinen nur die Ebene der Aktivitäten.[113] Grund dafür ist, dass in Deutschland mit einer Vielzahl von Kostenstellen, die im Mittelpunkt der Kostenplanung und -steuerung liegen, operiert wird,[114] wohingegen US-amerikanische Unternehmen mit wenigen Kostenstellen verfahren und eine derartige Aufteilung nicht üblich ist.[115] Nachdem, ähnlich dem deutschen Prinzip, die Aktivitäten ermittelt und die Kosten zugeordnet werden, wird beim ABC auf eine Aggregation zu Teil- und Hauptprozessen verzichtet. Stattdessen werden die Aktivitäten in eine Rangfolge gebracht, die eine Klassifizierung nach der Kostenhierarchie vornimmt, um so deren Wirkungen und die Möglichkeiten zur Beeinflussung aufzuzeigen.[116]

Zusammengehörige Aktivitäten lassen sich auch im Rahmen des ABC zu so genannten Unternehmensprozessen bzw. Aktivitätszentren zusammenfassen. Dieser Schritt ist jedoch keineswegs mit der Verdichtung zu Hauptprozessen im Rahmen der PKR gleichzusetzen, denn er dient ausschließlich der Gewinnung zusätzlicher Prozesskosteninformation und muss nicht zwangsläufig im Rahmen des ABC erfolgen.[117]

Eine Eigenart und Neuerung im Rahmen der PKR ist die Trennung von lmi- und lmn-Prozessen zur Zweiteilung der Gemeinkosten in einen langfristig variablen, sowie langfristig fixen Teil.[118] Die von Cooper und Kaplan präsentierte Aufteilung

---

[112] Aktivitäten werden zu Teilprozessen verdichtet, die ihrerseits wiederum zu Hauptprozessen zusammengefasst werden.

[113] Vgl. Coners/Hardt (2004), S. 109.

[114] Vgl. Gaiser (1998), S. 69.

[115] Vgl. Coners/Hardt (2004), S. 109.

[116] Vgl. Kaplan/Cooper (1999), S. 123.

[117] Vgl. Stoi (1999), S. 32.

[118] Vgl. Stoi (1999), S. 32.

in variable und fixe Aktivitäten durch die Aktivitätshirarchie kann als eine vergleichbare Maßnahme angesehen werden.[119]

Einen weiteren, wesentlichen Unterschied zwischen dem Activity Based Costing und der Prozesskostenrechnung stellen die Maßgrößen dar. Obwohl die Begrifflichkeit der Kostentreiber vom US-amerikanischen ins deutsche übernommen wurde, werden beim ABC auch die traditionellen Fertigungsbezugsgrößen wie Maschinenstunden, Stückzahlen oder Rüststunden als Kostentreiber verbucht.[120] Ferner verrechnet das ABC jede Aktivität lediglich über einen Kostentreiber.[121] Die Leistungsverrechnung der Prozesskostenrechnung erfolgt hingegen so, dass einzelne Prozessteile auf einen oder mehrere Hauptprozesse, entsprechend einer Maßgröße verdichtet und nachfolgend mit Hilfe von Kostentreibern gemäß der Leistung zusammengefasst werden.[122]

---

[119] Vgl. Kaplan/Cooper (1999), S. 127.
[120] Vgl. Horváth/Mayer (1993), S. 16.
[121] Vgl. Johnson/Kaplan (1987), S. 217.
[122] Vgl. Horváth/Mayer (1989), S. 218.

4 Modifikationen der Prozesskostenrechnung

4.1 Defizite der klassischen Prozesskostenrechnung

Die Prozesskostenrechnung weist gegenüber der herkömmlichen Vollkostenrechnung und ihren in Abschnitt 2.3 erläuterten Defiziten einige Vorteile auf, die in der Literatur so allgemein akzeptierte werden. Durch eine differenziertere Analyse sowie der Verrechnung der betrieblichen Gemeinkosten, der ein deutlich anspruchsvolleres Bezugsgrößenspektrum zur Grunde liegt, wird weitestgehend auf pauschale Zuschläge verzichtet und die tatsächlichen Kostenstrukturen im Unternehmen lassen sich genauer abbilden. Außerdem werden Produktdiversitäten einbezogen, wodurch eine größere Verursachungsgerechtigkeit gegenüber der Vollkostenrechnung erreicht wird[123] und Produkte bzw. Dienstleistungen genauer kalkuliert werden können.[124]

Nichtsdestotrotz finden sich in der Literatur eine Vielzahl von Kritikpunkten, die die Aussagekraft der Prozesskostenrechnung schmäleren können. Weil es sich bei der Prozesskostenrechnung um eine Vollkostenrechnung handelt, bei der sämtliche Kosten auf die Kostenträger verteilt werden müssen, bedenkt Olshagen, dass fixe Kosten proportionalisiert werden, was dem Verursacherprinzip widerspricht.[125] Je nach Auslegung des Verfahrens lassen sich sogar bis zu fünf Schlüsselungen bzw. Proportionalisierungen[126] in sämtlichen Durchführungsphasen finden, die zu einer Verzerrung der Kostenträger- und Produktkosten und letztendlich zu strategisch falschen Entscheidungen führen können.[127] Auch die Grundannahme einer linearen Beziehung zwischen Ressourcenverbrauch und Prozessmenge führt dazu, dass Effekte wie die Größendegression oder Lerneffekte nicht beachtet werden. Dieser lineare Zusammenhang zwischen Prozessmenge und Prozesskosten ist in der Realität jedoch eher selten.[128]

Eine weitere, viel kritisierte Schwachstelle ist das Verdichten der Teil- zu Hauptprozessen. Mangels schwer zu definierender Regeln findet eine teils subjektive

---

123 Vgl. Reckenfelderbäumer (1998), S. 129f.
124 Vgl. Götze (2010), S. 241.
125 Vgl. Olshagen (1991), S. 71ff.
126 Vgl. Glaser (1991), S. 301.
127 Vgl. Reckenfelderbäumer (1998), S. 132f.
128 Vgl. Horsch (2010), S. 264.

Abschätzung darüber statt, welche Teilprozesse mit welchem Anteil in die Hauptprozesse eingehen.[129] Auch die Anzahl der Bezugsgrößen muss häufig aus Gründen der Übersichtlichkeit reduziert werden und dies führt zu Ungenauigkeiten.[130] Diese Vereinfachung der Prozessstruktur aus Gründen der Praktikabilität führt dazu, dass der anschließend bestimmte Prozesskostensatz die Inanspruchnahme der Ressourcen unter Umständen nur mangelhaft abbildet.

Im Rahmen der Prozesskostenrechnung wird außerdem, bedingt durch die Verteilung der gesamten Kostenstellenkapazitäten auf die Teilprozesse, von einer vollständigen Kapazitätsauslastung ausgegangen.[131] Weil diese Annahme in der Realität unwahrscheinlich ist, sind in der Kostenstellengesamtkapazität oft nicht ausreichend vermerkte Leerkapazitäten enthalten. Diese wiederum werden – wie bereits beschrieben – für die Berechnung der Hauptkostensätze verwendet und so kann es zu überhöhten Produktpreisen und letztendlich zu einer Wettbewerbsunfähigkeit kommen.[132]

Weiter kritisch zu betrachten ist, dass die Aussagen der Prozesskostenrechnung für kurzfristige (unterjährige) Entscheidungen ungeeignet sind.[133] Durch den bereits angesprochenen Vollkostencharakter und die Proportionalisierung der fixen Kosten gibt es keine Informationen über Bindungsdauer beziehungsweise Abbaubarkeit von Kapital, welche für Produktions- und Absatzentscheidungen jedoch unabdingbar sind.[134]

Des Weiteren merken Kritiker Implementierungsprobleme und Widerstände bei der Einführung im Unternehmen an. Weil das Ziel der Unternehmensführung eine Rationalisierungen ist, die oft mit Personaleinsparungen einhergeht, stößt vor allem die Tätigkeitsanalyse der Prozesskostenrechnung auf Widerstände bei Belegschaft und Betriebsrat. Auch der hohe Zeit- und Kostenaufwand für die Prozessanalyse und die fortlaufende Datenaktualisierung sowie die hohe anfallende Menge an Daten stellen eine Hürde für die Einführung dar.[135] Zudem ist die Pro-

---

129 Vgl. Reckenfelderbäumer (1998), S. 133.

130 Vgl. Mayer/Liessmann/Mertens (1996), S. 288.

131 Vgl. Mayer (1998), S. 13.

132 Vgl. Coners/von der Hardt (2004), S. 109f.

133 Vgl. Horsch (2010), S. 263.

134 Vgl. Franz (1991), S. 538.

135 Vgl. Reckenfelderbäumer (1998), S. 143.

zesskostenrechnung weitestgehend für repetitive Prozesse zweckmäßig, weshalb Gemeinkostenbereiche wie bspw. die Forschung und Entwicklung keine Beachtung finden.[136]

4.2 Weiterentwicklungen

Die im vorherigen Abschnitt beschriebenen Defizite verdeutlichen, dass „die Entwicklung der Prozesskostenrechnung sich im Grunde noch immer in einem Anfangsstadium befindet".[137] Im Folgenden sollen daher bestehende Ansätze zur Weiterentwicklungen erläutert werden, die sich gewissen Umständen anpassen oder versuchen den Defiziten entgegen zu wirken.

4.2.1 Time-Driven Activity-Based Costing

Das Time-Driven Activity-Based Costing (TDABC) ist eine auf Kaplan und Anderson zurückzuführende Erweiterung des Activity-Based Costing mit einzelnen Modifikationen für die Besonderheiten der in Deutschland vertretenen Prozesskostenrechnung.[138] Hauptgrund für die Weiterentwicklung ist das Defizit, dass Kosten für genutzte und ungenutzte Ressourcen im Rahmen der klassischen Prozesskostenrechnung nicht separat ausgewiesen werden und stattdessen von einer Vollauslastung der Kostenstellenkapazitäten ausgegangen wird.[139] Wie in Abschnitt 3.2 beschrieben, werden die Kostensätze bestimmt, indem die Kosten der Hauptprozesse durch die Kostentreibermenge dividiert werden. In diesen Hauptprozesskosten stecken in der Regel auch die Kosten für ungenutzte Ressourcen, so genannte Leerkosten. Werden die ermittelten Kostensätze für Preis- oder Kalkulationszwecke genutzt, kann es zu Fehleinschätzungen und Konkurrenzunfähigkeit kommen, wie das folgende Beispiel verdeutlichen soll. Dazu werden die beispielhaften Zahlen aus Abbildung 3: Prozesskostenstellenrechnung am Beispiel der Kostenstelle "Versand" nochmals herangezogen:

Sinkt z. B. aufgrund der Insolvenz eines Großkunden die Maßgröße des Teilprozesses „Ware in Pakete verpacken" von 500 auf 300 Pakete ab, steigt der lmi-Teilprozesskostensatz von 60€ auf 100€ pro Ausführung. In Folge dessen erhöht

---

[136] Vgl. Horsch (2010), S. 264.

[137] Reckenfelderbäumer (1998), S. 147.

[138] Vgl. Coners/von der Hardt (2004), S. 110.

[139] Vgl. Isbruch/Batzlen (2011), S. 523.

das Unternehmen den Preis für das jeweilige Produkt und die „Abwärtsspirale" nimmt ihren Lauf. Ist der Kunde nämlich nicht gewillt, diesen Preisanstieg zu zahlen, sinkt die Nachfrage erneut, die Leerkosten nehmen zu und der Prozesskostensatz steigt abermals.

Das Hauptziel des Time-Driven Activity-Based Costing ist durch die separate Ausweisung von genutzten und ungenutzten Kapazitäten eine bessere Kostenzurechnung auf Prozesse und Produkte zu erreichen.[140] Weil die Personalkosten einen Großteil der Gemeinkosten ausmachen, die im Gegensatz zu z. B. Maschinenkosten nicht von der Ausbringungsmenge abhängig sind, handelt es sich nicht um eine verursachungsgerechte[141], sondern vielmehr um eine beanspruchungsgerechte Kostenzuordnung.[142]

4.2.1.1 Ablauf des Time-Driven Activity-Based Costing

Wie bei der klassischen Prozesskostenrechnung liegt der Fokus des TDABC auf den indirekten Leistungsbereichen und einer Verrechnung der Gemeinkosten auf die Kalkulationsobjekte hinsichtlich des Ressourcenverbrauchs. Die Vorgehensweise beider Methoden unterscheidet sich jedoch,[143] denn wie der Name schon verrät, werden die Prozesskostensätze mittels der Komponente „Zeit" ermittelt. Isbruch und Batzen sprechen deshalb von einer Kombination der Prozesskostenrechnung mit einer Stundensatzkalkulation.[144] Dazu wird für sämtliche Teilprozesse zunächst der Nettozeitaufwand einer Durchführung geschätzt oder durch so genannte Zeitstudien ermittelt.[145] Diese so genannte Sollzeit ist nicht zu verwechseln mit der durchschnittlichen Bearbeitungszeit der Prozesskostenrechnung, denn sie umfasst weder Verteil- noch Leerzeiten.[146]

Anschließend werden für alle Kostenstellen die Nettokapazitäten ermittelt. Diese setzen sich aus der Nettoarbeitszeit[147] eines Mitarbeiters multipliziert mit der

---

[140] Vgl. Coners (2007), S. 343.

[141] Vgl. Männel (1999), S. 147.

[142] Vgl. Homburg/Weiß (2004), S. 48.

[143] Vgl. dazu Abschnitt 3.2: Vorgehen der Prozesskostenrechnung.

[144] Vgl. Isbruch/Batzlen (2011), S. 523.

[145] Vgl. Isbruch/Batzlen (2011), S. 524.

[146] Vgl. Coners/von der Hardt (2004), S. 110.

[147] Die Nettoarbeitszeit ist die Bruttoarbeitszeit nach Abzug von Urlaub, Feiertagen, krankheitsbedingtem Ausfall und sonstiger nicht produktiver Zeit.

Anzahl an Mitarbeitern der jeweiligen Kostenstelle zusammen. Im letzten Schritt werden die Sollzeiten für die einmalige Durchführung der Teilprozesse mit den jeweiligen Maßgrößen multipliziert und anschließend zu Nutzungskapazitäten addiert. Durch die Differenz aus der Nutzungskapazität und der Nettokapazität wird die wichtige Information über genutzte und ungenutzte Kapazitäten gewonnen.[148]

Die Verrechnungsmöglichkeiten der Ergebnisse des Time-Driven Activity-Based Costing sind gleich denen der klassischen Prozesskostenrechnung und fließen in die Ergebnis-, die Kostenträgerstückrechnung oder in die innerbetriebliche Leistungsverrechnung ein. Der wesentliche Unterschied ist aber, dass die Leerkosten der jeweiligen Kostenstellen nicht in die Kostenträgerstückrechnung, sondern in die Ergebnisrechnung eingehen. Die Selbstkosten beinhalten folglich nur die Nutzkosten.[149]

4.2.1.2 Beurteilung des Time-driven Activity-Based Costing

Die signifikanten Mängel der traditionellen Kostenrechnungssysteme bezüglich einer möglichst präzisen Kalkulation der Selbstkosten wurden mithilfe der klassischen Prozesskostenrechnung bereits abgeschwächt. Durch das darauf aufbauende TDABC lässt sich dieser Umstand noch weiter beheben. Die Hinzunahme der Durchführungsdauer lässt den anteiligen Verbrauch an Ressourcen genauer abbilden und die Prozesskostensätze werden präziser. Diese Prozesskostensätze haben zudem den Vorteil einer weitaus größeren Aktualität, denn die nötigen Daten dazu werden fortlaufend erneuert.[150]

Ob ein Unternehmen einen Nutzen daraus ziehen kann, hängt letztendlich davon ab inwieweit die Prozesskostensätze in die Selbstkosten einfließen. Während das Verfahren für die Preissetzung individueller Kundenangebote sehr gut geeignet ist, ist es für Einheitsprodukte mit langfristig geltenden Standardpreisen eher ungeeignet. Durch die Berücksichtigung der Leerkosten könnte es zu stark schwankenden Produktpreisen kommen, denn in Zeiten sinkender Auslastung würde der Produktpreis steigen und bei hoher Auslastung wieder fallen.[151] Eine zu stark auf

---

[148] Vgl. Coners/von der Hardt (2004), S. 110f.

[149] Vgl. Horváth/Mayer (1993), S. 25ff.

[150] Vgl. Baltzer/Zirkler (2012), S. 56.

[151] Vgl. Baltzer/Zirkler (2012), S. 57.

die Prozesskostensätze ausgerichtete Preispolitik kann damit zum Unverständnis beim Kunden und schließlich zu dessen Abwanderung führen.

Wie bereits beschrieben werden im Rahmen der klassischen Prozesskostenrechnung die Kostenstellenkosten mittels der subjektiv geschätzten prozentualen Arbeitszeit auf die Teilprozesse verrechnet.[152] Einen Vorteil des Time-Driven Activity-Based Costing ist eine Minimierung dieser Subjektivität durch das Verteilen der Kosten auf Basis der Durchführungszeiten, wobei auch hier Aufwand gegenüber Nutzen abgewogen werden muss.[153] Weil die so genannten Zeitstudien, die zur Ermittlung der Durchführungszeiten durchgeführt werden, für neue sowie geänderte Teilprozesse wiederholt werden, ist das Verfahren zeitaufwändig und damit kostspielig.[154]

Abschließend lässt sich festhalten, dass das Time-Driven Activity-Based Costing dem Gedanken des Verursacherprinzips, das eine Verteilung der Kosten entsprechend der durch den Prozess in Anspruch genommenen Kosten vorsieht, näherkommt als die klassische Prozesskostenrechnung. Damit stellt es für einige Unternehmen eine gute Alternative zur klassischen Prozesskostenrechnung dar. Problematisch dagegen ist der Aufwand, der mit dem Verfahren einhergeht. Vor allem die Zeitstudien zur Ermittlung der Teilprozesszeiten sind besonders aufwendig, wodurch diese Zeiten oft geschätzt werden und damit erneut das Problem der Subjektivität herrscht.[155] Des Weiteren ist das Verfahren für Unternehmen, die ihre Preise langfristig setzen, zwecklos weil sie nicht auf fortlaufend aktuelle Prozesskostensätze zurückgreifen müssen.[156]

4.2.2 Ressourcenorientierte Prozesskostenrechnung

Das Kostenmanagement stellt eine unabdingbare Unterstützung zur fortlaufenden Schaffung von wettbewerbsfähigen Gütern und zur langfristigen Sicherung der Unternehmensexistenz dar. Schon am Anfang eines Produktlebenszyklus stehen wirtschaftliche Ziele im Fokus, weshalb Kostenrechnungssysteme gefragt sind, die anfallenden Kosten verursachungsgerecht verteilen. Weil laut Schuh kein

---

[152] Vgl. dazu Abschnitt 3.2: „Vorgehen der Prozesskostenrechnung".
[153] Vgl. Kaplan/Anderson (2004), S. 136.
[154] Vgl. Mayer/Kaufmann (2000), S. 300.
[155] Vgl. Mayer/Kaufmann (2000), S. 300.
[156] Vgl. Baltzer/Zirkler (2012), S. 57.

Kostenrechnungssystem diese Anforderung ausreichend erfüllt, entwickelte er im Jahr 1988 das Ressourcenverfahren, das die Basis für die ressourcenorientierte Prozesskostenrechnung (RPKR) darstellt.[157] Dabei werden verschiedene Ansätze der Prozesskosten-, der Deckungsbeitrags- und der flexiblen Plankostenrechnung vereint.[158]

Mittels Verbrauchsfunktionen soll dem in Abschnitt 4.1 erläuterten Mangel der mehrfachen Proportionalisierung der PKR entgegen gewirkt werden und auch nicht lineare Verhalten zwischen Kostentreibern und dem Verbrauch an Ressourcen sollen sich abbilden lassen.[159] Unter anderem durch die Hinzunahme der direkten Unternehmensbereiche in die Prozessbetrachtung ist das Hauptziel Produktvarianten verursachungsgerechter bewerten zu können.[160]

Dabei liegen die größten Unterschiede der ressourcenorientierte Prozesskostenrechnung zur klassischen Prozesskostenrechnung in den folgenden drei Punkten:

- Auf Basis der kleinsten Einheit, Ressource je Teilprozess wird die Prozesshierarchie bestimmt. Auf eine Zusammenfassung zu Hauptprozessen wird verzichtet und folgende Berechnungen werden auf Teilprozessebene durchgeführt.

- In Anspruch genommene Ressourcen werden konsequent nach mengenmäßigem und wertmäßigem Verbrauch separiert.

- Durch Verbrauchsfunktionen findet eine Berücksichtigung von Veränderungen im Prozess in Entwicklung und Produktion zur Kostenprognose statt.[161]

4.2.2.1 Ablauf der ressourcenorientierte Prozesskostenrechnung

Der erste Schritt der ressourcenorientierten Prozesskostenrechnung besteht in der Erfassung und Gliederung der Geschäftsprozesse und der gleichzeitigen Ermittlung der Ressourcen, die für die einmalige Durchführung benötigt werden.[162] Diese Prozessanalyse ist weitestgehend mit der Tätigkeitsanalyse der klassischen

---

[157] Vgl. Schuh (1988), S. 105.

[158] Vgl. Schuh/Kaiser (1995), S. 369.

[159] Vgl. Dobrindt (2003), S. 16.

[160] Vgl. Schuh (1988), S. 87.

[161] Vgl. Schuh/Kaiser (1995), S. 370f.

[162] Vgl. Schwengels (2004), S. 33.

Prozesskostenrechnung identisch. Als klassische Ressourcen nach gelten Soth Betriebsmittel, Material und Gebäude,[163] wohingegen Schuh die Ressourcen in Personal, Maschinen, Gebäude, Kapital und EDV unterteilt.[164] Eine weitere Unterteilung bspw. des Personals in Leiharbeiter und Festangestellte ist möglich.

Im nächsten Schritt werden die Verbrauchsfunktionen bestimmt, welche den Ressourcenverbrauch einer Ressource abbilden. Dazu werden zunächst für die einzelnen Prozesse Kosteneinflussgrößen bestimmt, so genannte Ressourcentreiber. Sie sind für alle Unternehmensbereiche individuell zu ermitteln.[165] Im Ergebnis muss ein Teilprozess (z. B. Arbeitspläne erstellen) mindestens einer Ressource (z. B. Personal) zugeordnet werden können und von einem Ressourcentreiber (z. B. neue Anfertigungsteile) abhängig sein.[166] Während Schuh und Kaiser jedem Teilprozess nur ein Ressourcentreiber zuordnen,[167] können laut Soth auch mehrere Einflussgrößen einfließen, um einen möglichst genauen funktionellen Zusammenhang zu erreichen. Zur Erstellung der Verbrauchsfunktion wird wie bei der klassischen Prozesskostenrechnung zwischen lmn- und lmi-Prozessen unterschieden. Für die leistungsmengeninduzierten Prozesse wird der Ressourcenverbrauch pro Durchführung bestimmt.[168]

Das Kernstück der ressourcenorientierten Prozesskostenrechnung ist das sogenannte Nomogramm. Es bildet die kleinste Einheit, Ressource je Teilprozess ab und stellt den Ressourcenverzehr dar. Auf der rechten Seite des Nomogramms wird durch die Verbrauchsfunktion der Zusammenhang zwischen Ressourcentreiber und Ressourcenbedarf abgebildet. Auch nicht lineare Funktionen sind hier zulässig. Auf der linken Seite des Monogramms wird der vorher ermittelte Ressourcenverzehr mit dem zugehörigen Kostensatz der Ressource[169] multipliziert

---

[163] Vgl. Soth (2011), S. 27.

[164] Vgl. Schuh (1988), S. 87f.

[165] Vgl. Eversheim (1996), S. 76.

[166] Vgl. Schuh/Kaiser (1995), S. 371; Abbildung 5.

[167] Lassen sich mehrere Ressourcentreiber finden, so ist „für diesen Teilprozess noch nicht die niedrigste Stufe der Detaillierung erreicht. Der Teilprozess ist demnach noch weiter aufzuspalten, bis er nur noch von einem abgrenzbaren Cost Driver (Ressourcentreiber) signifikant abhängt." (Schuh/Kaiser (1995), S. 371).

[168] Vgl. Soth (2011), S. 27f.

[169] Für die Ressource Personal wäre der Kostensatz z. B. der Stundenlohn. Die oben erwähne Unterteilung der Ressource Personal in Leiharbeiter und Festangestellte würde hier zum Tragen kommen, denn unterschiedliche Gehälter könnten somit berücksichtigt werden.

und in Form der linearen Kostenfunktion dargestellt.[170] Die Kostenfunktion stellt damit den monetären und die Verbrauchsfunktion den technischen Zusammenhang dar.[171] Weiterhin werden wie bei der klassischen Prozesskostenrechnung die Kosten der lmn-Prozesse mit Hilfe von Umlagesätzen auf die lmi-Prozesse verteilt, um die gesamten Prozesskosten zu ermitteln[172]

Zum besseren Verständnis stellt Abbildung 5 das oben erläuterte Nomogramm mit den zugehörigen Einflussgrößen bildlich dar. Für den Teilprozess „Arbeitspläne erstellen" wird die zeitabhängige Ressource „Personal" beleuchtet. Dafür wird der Ressourcenverzehr erfasst (Messpunkt: X neue Anfertigungsteile benötigen Y Zeitstunden) und im linken Teil mit dem entsprechenden Kostensatz multipliziert.

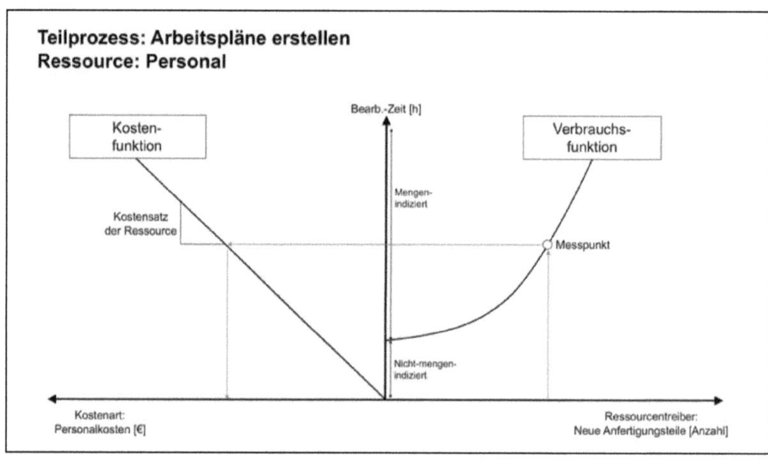

Abbildung 5: Beispielhafte Darstellung eines Nomogramms[173]

4.2.2.2 Beurteilung der ressourcenorientierten Prozesskostenrechnung

Die klassischen Prozesskostenrechnung ist aufgrund des hohen Aufwands des Vollkostenprinzips und der Fokussierung auf die Gemeinkostenbereiche nur bedingt für die frühzeitige Prognose und Unterstützung kostenwirksamer Entschei-

---

[170] Vgl. Schuh/Kaiser (1995), S. 374.

[171] Vgl. Eversheim (1996), S. 76.

[172] Vgl. Schwengels (2004), S. 71ff.; Abschnitt 3.2.

[173] In Anlehnung an Schuh/Kaiser (1995), S. 375.

dungen geeignet.[174] Hier setzt die ressourcenorientierten Prozesskostenrechnung an, denn vor allem komplexe und variantenvielfältige Produkte sollen verursachungsgerechter bewertet werden können.[175] Darüber hinaus basiert die RPKR nicht auf Voll- sondern auf Teilkostenbasis.

Der größte Unterschied zur klassischen Prozesskostenrechnung besteht im Verfahren zur Ermittlung der Prozesskosten. Während im Rahmen der klassische Prozesskostenrechnung die bereits entstandenen Kosten mittels Kostentreibern den Prozessen (top-down) zugeordnet werden, werden bei der RPKR die Kosten der Teilprozesse ermittelt und anschließend zu Gesamtkosten (bottom-up) aufsummiert.[176] Damit geht die RPKR über die Möglichkeiten der klassischen Prozesskostenrechnung hinaus, denn die Prozesskosten werden nicht durch die Prozessmenge geteilt, was zu undifferenzierten Prozesskostensätzen führt und die kostenbeeinflussenden Produktunterschiede vernachlässigt. Durch kostenrelevante Parameter wird der Ressourcenverzehr exakt abgebildet und den Produkten direkt zugeordnet.[177]

Auf eine Unterscheidung zwischen genutzten und ungenutzten Ressourcen, wie es beim Time-Driven Activity-Based Costing geschieht,[178] wird in Rahmen der RPKR verzichtet. Eine Ableitung des Verbessungspotentials der Prozesse ist daraus ohnehin nicht möglich, weshalb darauf verzichtet werden kann. Allerdings lassen sich durch die Veränderung der Verbrauchsfunktion die Auswirkungen von Prozessverbesserungen einfach simulieren.[179]

Mittels der so genannten Nanogramme wird der Ressourcenverzehr erfasst und eine genaue sowie transparente Betrachtung der Beziehungen zwischen Kostenursache und Kostenwirkung ermöglicht.[180] Einen Vorteil bietet die Trennung zwischen Kosten- und Verbrauchsfunktion, was eine separate Anpassung zulässt. Änderungen der Kostenstruktur beispielsweise durch tarifliche Lohnanpassungen, wirken sich unmittelbar auf die Kostenfunktion aus. Mittels geringen Aufwands

---

[174] Vgl. Lindemann/Reichwald/Zäh (2006), S. 184.

[175] Vgl. Schuh/Kaiser (1995), S. 379.

[176] Vgl. Lindemann/Reichwald/Zäh (2006), S. 185.

[177] Vgl. Eversheim (1996), S. 77.

[178] Vgl. Abschnitt 4.2.1.

[179] Vgl. Schuh/Kaiser (1995), S. 373.

[180] Vgl. Lindemann/Reichwald/Zäh (2006), S. 185.

lässt sich so die Veränderung des Unternehmensmodells ohne eine erneute Analyse der Prozesse durchführen.[181] Aufgrund solcher Veränderungen sollte die Kostenfunktion mindestens einmal jährlich aktualisiert werden, wohingegen die entsprechende Verbrauchsfunktion solange Gültigkeit behält, bis sich der Prozess ändert.[182] Einen weiteren Vorteil der Verbrauchsfunktion besteht in der nichtlinearen Beziehungen zwischen Ressourcentreibern und dem Ressourcenverzehr. Der oben bereits erwähnte Vorteil einer anschaulichen Berechnung von variantenabhängigen Prozesskosten kommt hier zum Tragen, denn wenn sich z. B. der Kostentreiber „Durchschnitt" für das Produkt „Rohr" verändert, lassen sich die Auswirkungen auf die Kosten unmittelbar erkennen. Damit können Produktkosten für technisch mögliche Alternativen im Rahmen der in die Produktentwicklung integrierten Vorkalkulation unmittelbar bewertet werden.[183]

Durch diese Neuerung ist die RPKR auch für das Kostenmanagement von Individualprodukten zu gebrauchen, wobei der Aufwand für die Erstellung der Nanogramme mit der Erhebung der zugehörigen Daten den Nutzen in den meisten Fällen übersteigt. Somit eignet sich das Verfahren vornehmlich für gleichbleibende Prozesse bzw. variantenreiche Serienproduktionen.[184]

4.2.3 Differenzierte Prozesskostenrechnung

Reckenfelderbäumer entwickelte 1995 das Konzept der differenzierten Prozesskostenrechnung. Ein Verfahren welches speziell auf die Besonderheiten von Dienstleistungsunternehmen angepasst ist. Es bewegt sich weitestgehend auf Teilprozessebene und greift dabei auf die Prozessstruktur der klassischen Prozesskostenrechnung zurück.[185] Anders als die klassische Prozesskostenrechnung für Industrieunternehmen soll die differenzierte Prozesskostenrechnung nicht nur auf die indirekten Unternehmensbereiche außerhalb der Fertigung beschränkt sein, sondern das gesamte Unternehmen erfassen können.[186] Dafür nennt Reckenfelderbäumer folgende Gründe:

---

[181] Vgl. Schuh/Kaiser (1995), S. 375.

[182] Vgl. Eversheim (1996), S. 76f.

[183] Vgl. Eversheim (1996), S. 78.

[184] Vgl. Lindemann/Reichwald/Zäh (2006), S. 185f.

[185] Vgl. Schweikart (1997), S. 202.

[186] Vgl. Reckenfelderbäumer (1995), S. 117.

- In Dienstleistungsunternehmen ist eine Identifizierung und Abgrenzung der Fertigungsbereiche schwierig, oft sogar unmöglich.

- Durch die hohe Gemeinkostenintensität von Dienstleistungsunternehmen[187] ist die Abgrenzung zwischen direkten und indirekten Bereichen ebenfalls problematisch.[188]

4.2.3.1 Ablauf der differenzierten Prozesskostenrechnung

Das differenzierte Konzept der Prozesskostenrechnung unterscheidet sich im Aufbau gegenüber der klassischen Variante vor allem in der Differenzierung der Teilprozesse.[189] Um die Auswirkungen des externen Faktors auf die Kosten erkenntlich zu machen, nimmt Reckenfelderbäumer erstmalig eine Unterscheidung in integrative und autonome Teilprozesse vor. Diese Kennzeichnung sollte bereits im Zuge der Tätigkeitsanalyse geschehen.[190] Integrative Teilprozesse sich durch eine hohe Kontaktintensität charakterisiert, wohingegen autonome Teilprozesse wenig bzw. keine Kontaktintensität zum Kunden aufweisen. Diese Unterteilung ist aber nicht immer exakt möglich, wodurch Teilprozesse in manchen Fällen auch beiden Kategorien zugeordnet werden können.[191]

Weitergehend findet eine Differenzierung der Teilprozesse hinsichtlich der Nähe zum Kalkulationsobjekt statt. Unterschieden wird dabei in Prozesse 1., 2. und 3. Grades. Prozesse 1. Grades weisen einen unmittelbaren Bezug zum Absatzobjekt auf und fließen in mehr oder weniger großer Anzahl unmittelbar in dieses ein.[192] Am Beispiel einer Spedition sind das Prozesse wie das Beladen des Fahrzeugs sowie die Fahrt an sich. Prozesse 2. Grades differenzieren sich insofern, als dass kein direkter, jedoch ein indirekter Bezug zum Absatzobjekt besteht. In Industrieunternehmen würde man von fertigungsnahen Tätigkeiten sprechen, die eine unterstützende Funktion haben und bei denen ein Bezug zum Produkt noch feststellbar ist. Am Beispiel der Spedition fallen die Wartung des Fahrzeugs oder die Einweisung des Fahrers in diese Kategorie. Prozesse 3. Grades weisen keinen o-

---

[187] Nicht selten beträgt der Gemeinkostenanteil in Dienstleistungsunternehmen nahezu 100% (Vgl. Soth (2011), S. 31).

[188] Vgl. Reckenfelderbäumer (1995), S. 117f.

[189] Vgl. Soth (2011), S. 30.

[190] Vgl. dazu Abschnitt 3.2 „Vorgehen der Prozesskostenrechnung".

[191] Vgl. Reckenfelderbäumer (1995), S. 119ff.

[192] Vgl. Reckenfelderbäumer (1995), S. 121.

der einen nur sehr entfernten Bezug zum Absatzobjekt auf und dienen dem Unternehmen insgesamt. Typisch für diese Kategorie sind kundenferne Aktivitäten wie bspw. Managementprozesse.[193]

Wie auch bei der klassischen Prozesskostenrechnung werden Einzelkosten wie z. B. Materialkosten unmittelbar den Kostenträgern zugerechnet. Wie Abbildung 6 zeigt fließen sie damit eben so wenig in die Prozesskostenkalkulation ein wie die Prozesse 3. Grades. Diese werden den so genannten Rest-Gemeinkosten zugeordnet und aufgrund des nicht vorhandenen Bezugs zum Absatzobjekt mittels der klassischen Gemeinkostenschlüsselung verrechnet. Für die Prozesse 1. und 2. Grades erfolgt eine separate, in der Abfolge dennoch gleich Prozesskostenkalkulation. Hierzu wird zwischen leistungsmengeninduzierten und leistungsmengenneutralen Prozessen bzw. deren Kosten unterschieden und weitergerechnet, was ebenfalls dem Vorgehen des klassischen Verfahrens entspricht.[194] Einzig spricht man bei der Zurechnung der lmi-Kosten von Prozessen 2. Grades, aufgrund der entfernteren Bezugsnähe zum Kalkulationsobjekt, nur von einer „quasi-direkten" Zurechnung, wie Abbildung 6 dargestellt.[195]

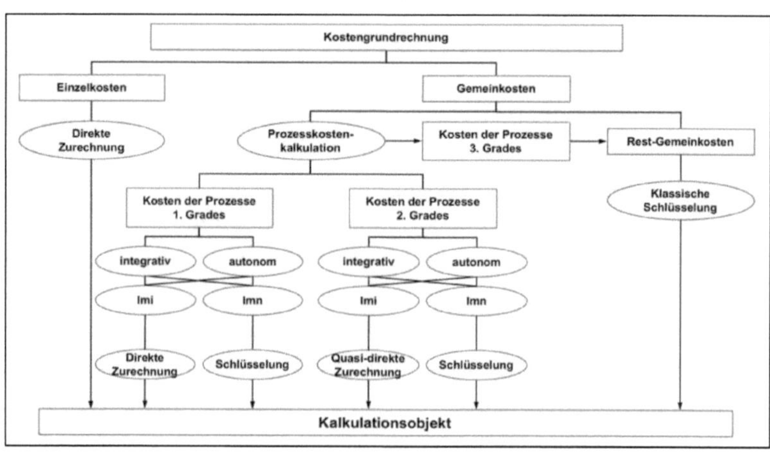

Abbildung 6: Aufbau der differenzierten Prozesskostenrechnung[196]

---

[193] Vgl. Reckenfelderbäumer (1995), S. 123f.

[194] Vgl. dazu Abschnitt 3.2 „Vorgehen der Prozesskostenrechnung".

[195] Vgl. Schweikart (1997), S. 205f.

[196] In Anlehnung an Reckenfelderbäumer (1995), S. 125.

4.2.3.2 Beurteilung der differenzierten Prozesskostenrechnung

Die differenzierte Prozesskostenrechnung berücksichtigt erstmals den externen Faktor und unterteilt in integrative und autonome Prozesse. Dieses Verfahren, welches im engeren Sinne eine Modifikation der Tätigkeitsanalyse der klassischen Prozesskostenrechnung darstellt, ist für die Planung und Steuerung für Anbieter von Dienstleistungen von großer Bedeutung und speziell im Zuge des Marketing-Accounting von großem Vorteil.[197] Es ermöglicht die Identifizierung der Teilprozesse je Kostenstelle, auf deren Kosten der Nachfrager einen besonders starken Einfluss hat. Wenn die Teilprozesse im nächsten Schritt zu Hauptprozessen verdichtet werden, lässt sich eine Aussage darüber treffen, in welchem Maße der Hauptprozess integrative Elemente beinhaltet und explizit auf den Nachfrager abgestimmt ist. Darauf aufbauend ist es im Rahmen der Kalkulation einzelner Leistungsbündel möglich, die enthaltenen Kosten für autonome und integrative Teilprozesse gesondert zu ermitteln.[198]

Weiter lassen sich so wichtige Informationen über Prozessoptimierungen finden. In Teilprozessen, die weitgehend autonom ablaufen, lassen sich bspw. Kostensenkungsmaßnahmen eher durchführen, ohne Gefahr zu laufen den Kundennutzen zu mindern. Auch die Identifikation von werterhöhenden und nicht werterhöhenden Teilprozessen aus der Sicht des Kunden trägt dazu bei.[199]

Schwierig ist die eindeutige Differenzierung von autonomen und integrativen Teilprozessen, wie Reckenfelderbäumer selbst feststellt.[200] Ist der Kunde in einem Teilprozesse nur minimal eingebunden, wird dieser dennoch als autonom eingestuft und die Information über das Maß der Integrationsintensität geht verloren.[201]

Die zusätzliche Differenzierung der Teilprozesse nach der Bezugsnähe zum Kalkulationsobjekt zielt hauptsächlich auf Dienstleistungen als Absatzobjekt ab. Weil der Anteil der Teilprozesse, die in direkter Nähe zum Absatzobjekt stehen, tendenziell größer als bei Sachgütern ist,[202] ermöglicht das Verfahren eine fundierte-

---

[197] Vgl. Reckenfelderbäumer (1995), S. 119.

[198] Vgl. Reckenfelderbäumer (1995), S. 120.

[199] Vgl. Soth (2011), S. 31.

[200] Vgl. Reckenfelderbäumer (1995), S. 120.

[201] Vgl. Schweikart (1997), S. 206f.

[202] Vgl. Soth (2011), S. 32.

re sowie verursachungsgerechtere Vorgehensweise gegenüber der klassischen Prozesskostenrechnung im Rahmen der Kalkulation. Die Tatsache, dass leistungsorientiert verrechenbare Kosten nicht zwangsläufig einen direkten Produktbezug aufweisen, wird an dieser Stelle berücksichtigt [203]

Im Zuge dieser zweifachen Differenzierung hinterfragt Schweikart die von Reckenfelderbäumer getroffene Aussage, dass die Kennzeichnung der Teilprozesse „einen nur sehr geringen zusätzlichen Aufwand"[204] verursacht, da die Tätigkeitsanalyse ohnehin umfangreiche Analysen vornimmt. Er stellt in Frage, ob ein derartig „vielfältiger Ansatz unter den Gesichtspunkten der Praktikabilität und Wirtschaftlichkeit vertretbar bzw. notwendig ist" und fordert eine Vereinfachung bzw. „eine Konzentration auf die essentiellen Differenzierungsmerkmale."[205] Außerdem bemängelt er, dass Prozesse 3. Grades von der Prozesskostenrechnung prinzipiell ausgeschlossen sind. Unter dem Gesichtspunkt des Verursachungsprinzips ist dieses Vorgehen zwar korrekt, dennoch sollte eine Differenzierungsmöglichkeit bestehen. Dadurch werden Teilprozesse berücksichtigt, die bei einem bestimmten Rechnungszweck doch einen Bezug zum Kalkulationsobjekt haben.[206]

Weiterhin kritisiert Schweikart, dass die Kosten der leistungsmengenneutralen Teilprozesse ausnahmslos in der klassischen Gemeinkostenschlüsselung weiterverrechnet werden. Die Möglichkeit diese Kosten in die Prozesskostenrechnung einbeziehen zu können, kann je nach Rechnungsfall einen Vorteil darstellen, weshalb er eine individuelle Vorgehensweise empfiehlt.[207]

4.2.3.3 Weiterentwicklung der differenzierten Prozesskostenrechnung

Auf Basis dieser Kritik hat Schweikart die differenzierte Prozesskostenrechnung von Reckenfelderbäumer in einigen Punkten angepasst bzw. erweitert. Um kundenorientierte Faktoren im Zuge der Prozesskostenrechnung berücksichtigen zu können, nutzt er die analytischen Vorteile des Blueprinting und der damit einhergehenden Prozessdifferenzierung.[208] Das Blueprinting ist ein Verfahren zur Visualisierung von Leistungserstellungsprozessen mit dem Ziel die Schnittstellen zwi-

---

[203] Vgl. Reckenfelderbäumer (1995), S. 121.

[204] Reckenfelderbäumer (1995), S. 121.

[205] Schweikart (1997), S. 207.

[206] Vgl. Schweikart (1997), S. 207.

[207] Vgl. Schweikart (1997), S. 207.

[208] Vgl. Schweikart (1997), S. 207f.

schen Kunde und Anbieter zu identifizieren. Der Grad der Kundenintegration lässt sich somit bildlich darstellen und planen.[209]

Im Rahmen des Blueprinting werden Teilprozesse in verschiedene Prozessebenen kategorisiert. Schweikart implementiert dieses Verfahren in die Prozesskostenrechnung und unterscheidet zwischen sechs charakteristischen Prozessgruppen:

1. **Kundenprozesse**: Prozesse die vom Kunden autonom durchgeführt werden. Sie fließen nicht in die Absatzleistung ein;

2. **Onstage-Prozesse**: Mehrheitlich integrative, für den Kunden sichtbare Prozesse. Sie fließen unmittelbar in die Absatzleistung ein;

3. **Backstage-Prozesse**: Mehrheitlich autonome, für den Kunden nicht sichtbare Prozesse, die Onstage-Prozesse unterstützen. Sie fließen indirekt bzw. mittelbar in die Absatzleistung ein;

4. **Support-Prozesse**: Mehrheitlich autonome, innerbetriebliche Prozesse, zur Sicherung der On-/sowie Bachstage-Prozesse. Sie weisen einen nur weit entfernten Bezug zum Absatzobjekt auf;

5. **Preperation-Prozesse**: Autonome, standardisierte, innerbetriebliche, nicht auf den Kunden ausgerichtete Prozesse, im Rahmen der Vorkombination. Sie sind transaktionsunabhängig und stellen fixe Kosten dar;

6. **Facility-Prozesse**: Autonome sowie interne Prozesse, die die Rahmenbedingungen für die übrigen Prozesse schaffen. Sie haben keinen bzw. nur einen minimalen Bezug zum Absatzobjekt.[210]

In diese Prozessgruppen werden die identifizierten Teilprozesse des Unternehmens jeweils prozentual eingeteilt. Eine Ausnahme bilden die Kundenprozesse, die nicht in die Absatzleistung einfließen und deshalb im Weiteren nicht berücksichtigt werden. Eine Vielzahl von Teilprozessen lässt sich eindeutig einer der fünf Gruppen zuordnen, wenngleich sie minimale Anteile anderer Gruppen beinhalten. Einen Mehrwert dieses Verfahrens gegenüber der differenzierten Prozesskostenrechnung von Reckenfelderbäumer liegt darin, dass sich dieser Sachverhalt nun erfassen lässt.[211] Weil der überwiegend beherrschende Kostenfaktor der Prozesse

---

[209] Vgl. Schneck (2015), www.finanzen.net/wirtschaftslexikon/Blueprinting/9, (Abruf: 10.07.2018).

[210] Vgl. Soth (2011), S. 35f; Schweikart (1997), S. 207; Salman (2004), S. 65ff.

[211] Vgl. Schweikart (1997), S. 209.

die Zeit ist, werden Standard- bzw. Normzeiten für die einzelnen Prozessanteile je Teilprozess ermittelt und als Zuordnungsschlüssel verwendet.

Im folgenden Schritt werden die Teilprozesskosten entsprechend der prozentualen Zeiteinteilung den einzelnen Prozessgruppen zugewiesen. Auch hier wird wie bei der klassischen Prozesskostenrechnung zwischen lmn und lmi-Prozessen unterschieden und die Zuteilung gesondert durchgeführt. Durch diese Vorgehensweise wird dafür gesorgt, dass bei der Verteilung der lmn-Teilprozesskosten auf die lmi-Teilprozesse die Prozessgruppen in jeweilig entsprechender Höhe belastet werden.[212] Im Ergebnis liefert das Verfahren eine Aufteilung der Teilprozesskosten in die fünf dargelegten Prozessgruppen.

Wie bei der klassischen Prozesskostenrechnung wird die Teilprozessstruktur im Anschluss zu einer Hauptprozessverdichtung zusammengeführt wodurch genauere Erkenntnisse über die Schwerpunkte der Prozesstätigkeiten und damit über Kosten- und Zeitaufwendungen gewonnen werden. Besonders für Einsparungen durch Prozessoptimierungen ist die aufgezeigte Modifikation der differenzierten Prozesskostenrechnung gut geeignet, denn Prozesse, die für den Kunden unsichtbar ablaufen, werden durch die Strukturinformationen klar aufgezeigt.[213] Durch Prozessoptimierungen/-einsparungen in diesen Bereichen ist weniger damit zu rechnen, dass der Kunde das Gefühl hat, die Änderungen würden die erbrachte Leistung mindern.[214]

Einen weiteren Vorteil bietet die präzisere Prozesskostenkalkulation. Zum einen wird durch die feinere Einteilung der Teilprozesse hinsichtlich der Nähe zum Absatzobjekt eine genauere Aussage darüber getroffen, inwiefern diese in die Verrechnung der Gemeinkosten einfließen sollen. Zum anderen werden wichtige Informationen für produkt-/prozessspezifische Entscheidungen bereitgestellt.[215]

Zusammengefasst wird die intern ausgerichtete, klassische Prozesskostenrechnung mithilfe beider vorgestellter Verfahren um den externen Faktor erweitert. Es werden zusätzliche, wertvolle Informationen über die analysierten Unterneh-

---

[212] Vgl. Schweikart (1997), S. 210.
[213] Vgl. Schweikart (1997), S. 211.
[214] Vgl. Reckenfelderbäumer (1995), S. 191.
[215] Vgl. Schweikart (1997), S. 211f.

mensbereiche gewonnen und der Basisanforderung einer effektivitäts- und effizienzorientierten Entscheidungstransparenz entsprochen.[216]

Die Anteile der Kosten, die vom externen Faktor abhängig sind, lassen sich durch die differenzierte Prozesskostenrechnung bestimmen, wohingegen der Einfluss des externen Faktors auf die Kosten nicht quantifizierbar ist.[217] Beide Ansätze stoßen zudem – genau wie die klassische Prozesskostenrechnung – in Bereichen mit kundeninduzierten Aktivitäten, in denen Prozesse individuell sind und sich häufig ändern, an ihre Grenzen.[218] Im folgenden Abschnitt soll daher ein Verfahren erläutert werden, dass nicht nur auf Prozesse repetitiver Art anwendbar ist.

---

[216] Vgl. Soth (2011), S. 39.
[217] Vgl. Friedl (2016), S. 1121.
[218] Vgl. Soth (2011), S. 39.

4.2.4 Flexible Prozesskostenrechnung

Die flexible Prozesskostenrechnung beruht auf einem von der Siemens AG entwickelten Konzept zur Lösung der kostenrechnerischen Problematik durch die Kundenintegrationsprozesse.[219] Allgemein sind diese Prozesse dadurch gekennzeichnet, dass sie zur Leistungserstellung das Mitwirken des Nachfragers erfordern und dadurch den Verfügungsbereich des Anbieters um die externen Faktoren erweitern.[220] In der Literatur wurde das Konzept dieses Kostenrechnungsverfahrens erstmals unter dem Titel der „modifizierten Prozesskostenrechnung" von Bogajewskaja, Jacob und Michaelis dargestellt. Salman nutzte diese Arbeit als Grundlage um einige Änderungen und Verfeinerungen vorzunehmen und nannte es „das Konzept der flexiblen Prozesskostenrechnung". Dabei geht es ihm um eine Erhöhung der Genauigkeit der Kostenerfassung, -verrechnung und Kalkulation.[221]

Ausschlaggebend für die Entwicklung des Verfahrens sind Unzulänglichkeiten und Defizite der klassischen Prozesskostenrechnung. Zum einen ist der Anwendungsbereich aus Praktikabilitäts- und Wirtschaftlichkeitsgründen auf repetitive Prozesse mit geringen Entscheidungsspielräumen begrenzt. Zum anderen wird zur Ermittlung konstanter Prozesskostensätze und Prozesskoeffizienten von einer linearen Beziehung zwischen den gemeinkostentreibenden Faktoren sowie den entstandenen Kosten ausgegangen.[222] Eine unmodifizierte Übernahme des Verfahrens ist durch diese Beschränkungen nahezu unmöglich, denn Kundenintegrationsprozesse weisen oft unterschiedlichste Prozessverläufe und Leistungsergebnisse auf, die nur begrenzt vergleichbar sind. Sind diese Prozesse zudem nicht von repetitiver Art, ist eine genaue Erfassung und Planung der Prozesskosten mittels der klassischen Prozesskostenrechnung nicht möglich.[223]

4.2.4.1 Ablauf der flexiblen Prozesskostenrechnung

Das Vorgehen der flexiblen Prozesskostenrechnung erfolgt nach Saman in vier Schritten.[224]

---

[219] Vgl. Salman (2002), S. 154.

[220] Vgl. Salman (2002), S. 144.

[221] Vgl. Salman (2002), S. 154.

[222] Vgl. Soth (2011), S. 39.

[223] Vgl. Salman (2002), S. 154f.

[224] Vgl. Salman (2004), S. 182-186.

1. Schritt: Prozessanalyse

Wie bei der klassischen Prozesskostenrechnung ist die Prozessanalyse mit dem größten Aufwand verbunden. Allerdings werden im Rahmen der flexiblen Prozesskostenrechnung nicht alle Tätigkeiten der Kostenstellen untersucht, sondern nur noch diejenigen, welche für die Umsetzung eines bzw. des beleuchteten Projektes erforderlich sind. Nach einer Bestandsaufnahme über den Ablauf des Kundenintegrationsprozesses werden die einzelnen Prozesse identifiziert, strukturiert und in Teilprozesse aufgegliedert. Dazu empfiehlt Salman – wie auch bei der differenzierten Prozesskostenrechnung – für die Prozessanalyse die Hinzunahme des Blueprinting. Anschließend werden die Teilprozesse im jeweiligen Umfang den am Prozess beteiligten Kostenstellen zugeordnet. Im Gegensatz zur klassischen PKR erfolgt die Prozessanalyse damit nicht nach dem Bottom-up-, sondern nach dem Top-down-Prinzip. Im folgenden Schritt werden die Kostenstellenkosten, wie bei der klassischen Methode über die Mannjahre,[225] auf die Teilprozesse verrechnet.[226]

2. Schritt: Bestimmung der Kostentreiber

Im Anschluss an die Prozessanalyse, werden für jeden Prozess die jeweiligen Kostentreiber bestimmt. Weil die Höhe der Prozesskosten in den meisten Fällen von mehreren Kostentreibern abhängig ist, wird dieser Zusammenhang in einer Kostenfunktion abgebildet. Diese setzt sich neben den Kostentreibern aus jeweils zugehörigen Gewichtungsfaktoren zusammen. Dadurch wird berücksichtigt, dass den einzelnen Kostentreibern bei der Entstehung der Kosten eine unterschiedliche Bedeutungen zukommt. Aus Gründen der Praktikabilität sollte aber darauf geachtet werden, dass die Kostentreiberanzahl überschaubar bleibt und die Bezugsgrößen leicht quantifizierbar sind.[227]

3. Schritt: Ermittlung der Kostenkurve

Nach der Bestimmung der Kostentreiber wird im nächsten Schritt ihr Einfluss auf die Kosten in einer so genannten Kostenkurve graphisch dargestellt. Abbildung 7 stellt die Kostenkurve für den Teilprozess „Beschwerdeanrufe annehmen" der Kostenstelle „Service-Center" beispielhaft dar. Als Kosteneinflussfaktor des Pro-

---

[225] Vgl. dazu Abschnitt 3.2 Vorgehen der Prozesskostenrechnung.
[226] Vgl. Salman (2004), S. 182f.
[227] Vgl. Salman (2004), S. 183.

zesses dient der Kostentreiber „Komplexität der Beschwerde". Als Basis dienen die in einem Referenzprojekt ermittelten Istkosten und das tatsächliche Niveau des Kostentreibers, die als 100% gelten. In Abbildung 7 ist zu erkennen, dass eine Erhöhung der Beschwerdekomplexität zu erhöhten, aber nicht proportional wachsenden Kosten führt.[228]

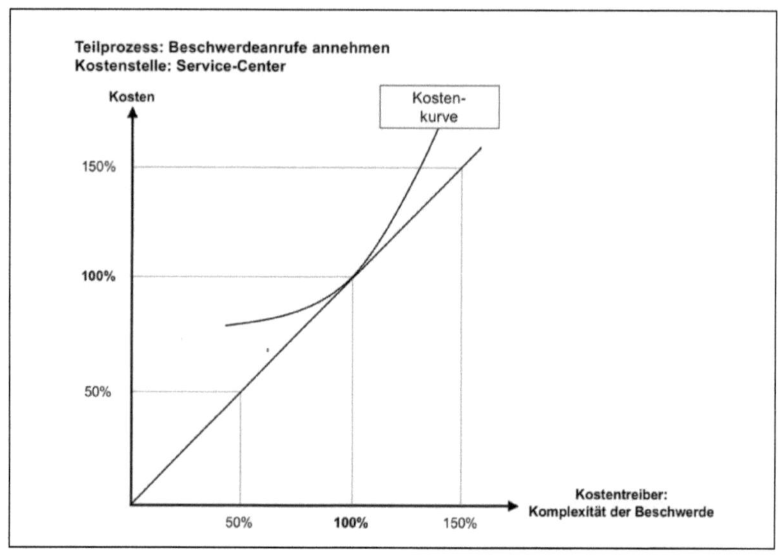

Abbildung 7: Beispiel einer Kostenkurve[229]

4. Schritt: Kalkulation und Kostenanalyse

Die einzelnen Teilprozesse sind direkte Bestandteile und autonome Kalkulationsobjekte der beleuchteten Leistung, wodurch die Gesamtkosten durch eine Aufsummierung der einzelnen Teilprozesskosten ermittelt werden. Auf Basis der gewonnen Kosteninformationen aus dem Referenzprojekt können für nachfolgende Projekte Prozesse bzw. Projektphasen kalkuliert werden. So können veränderte Kosten einzelner (Teil-)Prozesse mittels der Kosten des Referenzprojektes und einer ermittelten Kostenänderung bestimmt werden. Diese Kostenänderung lässt

---

[228] Vgl. Salman (2004), S. 184f.
[229] In Anlehnung an Salman (2004), S. 184; Soth (2011), S. 42.

sich prozentual anhand der Kostenkurve mit dem jeweiligen Kostentreiber ablesen.[230]

4.2.4.2 Beurteilung der flexiblen Prozesskostenrechnung

Die flexible Prozesskostenrechnung wurde vor dem Hintergrund entwickelt, dass die klassische Prozesskostenrechnung, die bei Kundenintegrationsprozessen anfallenden Transaktions- und Produktionskosten nicht adäquat feststellt. Durch die Kostenkurve ist das System in der Lage diese Kosten zu erfassen und ermöglicht so eine ganzheitliche Betrachtung der Kostenentstehung.[231] Einzig die dynamischen Transaktionskosten werden nicht direkt berücksichtigt, fließen aber über die Plankosten, die für jedes neue Projekt angepasst werden, indirekt ein.[232]

Zusammenhänge von Kosten werden deutlich und statische Transaktionskosten werden planbar.[233] Weiterhin gibt das Verfahren Auskunft über Kostenunterschiede, die durch Verhaltensweisen des externen Faktors hervorgerufen werden. Ist für Teilprozesse bspw. der Kostentreiber „Leistungsvermögen des Kunden"[234] erfasst, wird die Tatsache berücksichtigt, dass der Kunde durch seine Fähigkeiten und sein Handeln einen kostensteigernden, -neutralen oder -senkenden Einfluss hat.[235]

Neben diesen positiven Aspekten weist das Konzept einige Problemfelder auf. Kritisch zu betrachten ist die Ermittlung der Kostenkurve mit den zugehörigen Gewichtungsfaktoren, weil diese auf rein subjektiven Einschätzungen von am Projekt beteiligten Personen beruhen. Auch wenn es auf lange Sicht durch die fortlaufende Angleichung der Plan- an die Istkosten und dem Gewinn an Erfahrungen zu einer zunehmend präzisen Kostenkurve kommt, gilt dies nicht für jüngst eingeführte Dienstleistungen. Auch die Tatsache, dass ein Referenzprojekt benötigt wird, ist für neu zu entwickelnde Dienstleistungen ein Problem, das potenzielle Ungenauigkeiten mit sich bringt. Des Weiteren sind Interdependenzen zwischen

---

[230] Vgl. Salman (2004), S. 185f.

[231] Vgl. Soth (2011), S. 44f.

[232] Vgl. Salman (2004), S. 220.

[233] Vgl. Soth (2011), S. 44f.

[234] Vgl. Salman (2004), S. 199.

[235] Vgl. Soth (2011), S. 45f.

den einzelnen Kostentreibern üblich, wodurch eine genaue Abgrenzung der Kostentreiber und deren Wirkung auf die Kosten nur begrenzt möglich ist.[236]

Zudem wird der Aufwand für die Implementierung und Pflege gegenüber herkömmlichen Kostenrechnungsverfahren und auch der klassischen Prozesskostenrechnung als hoch eingestuft. Salman empfiehlt den Einsatz vorzugsweise auf nicht-repetitive und integrative Prozesse im Projektgeschäft zu beschränken.[237]

Damit kann abschließend gesagt werden, dass das Verfahren der flexiblen Prozesskostenrechnung, die aus der Kundenintegration hervorgehenden Unsicherheiten kostenrechnerisch praxisnah berücksichtigt. Jedoch ist es für neue Absatzobjekte, die aus einer Vielzahl zuvor nicht vorhandener (Teil-)Prozesse bestehen, zunächst mit Ungenauigkeiten behaftet.

4.2.5 Hybride Prozesskostenrechnung

Damit sich Unternehmen in Zeiten der Globalisierung und der zunehmend schnellen Verbreitung technischen Know-hows vor allem gegenüber asiatischen und osteuropäischen Wettbewerbern[238] differenzieren können, werden neben Sachleistungen zunehmend Dienstleistungen angeboten. Eine besondere Form stellen Hybride Leistungsbündel (HLB) dar, denn Dienstleistungen werden nicht einzig als eine Zusatzleistung zur Sachleistung angeboten, sondern sind gleichbedeutend mit dieser. Angestrebt wird eine ganzheitlichere Lösung des Kundenproblems, um den Kundennutzen, die Zahlungsbereitschaft und damit einhergehend das Erlöspotential des Unternehmens zu steigern.[239] Um dieses Erlöspotential bestmöglich ausschöpfen zu können, bedarf es jedoch einer angepassten Kostenrechnung zur Bereitstellung wichtiger Informationen für das Kostenmanagement.

Ein wesentlicher Unterschied gegenüber traditionellen Geschäftsbeziehungen liegt in der Preissetzung des Leistungsangebots. Während klassischerweise eine Einzelberechnung von Dienst- und Sachleistungen erfolgt, werden HLB am Nutzen des Kunden z. B. durch das Performanced based-Pricing bemessen. Damit trägt der Anbieter das Kostenrisiko, was wiederum berücksichtigt werden

---

[236] Vgl. Soth (2011), S. 46.

[237] Vgl. Salman (2004), S. 228.

[238] Vgl. Soth (2011), S. 1.

[239] Vgl. Krager (2011), S. 1.

muss.[240] Soth modifiziert die klassische Prozesskostenrechnung für die speziellen Anforderungen HLB an die Kostenrechnung. Dazu werden Bestandteile der flexiblen Prozesskostenrechnung integriert um z. B. der heterogenen Kostenverursachung durch die Hinzunahme des externen Faktors gerecht zu werden,[241] aber auch andere Aspekte bereits vorgestellter modifizierter PKR-Verfahren finden sich wieder. Weiterhin unterscheidet sich die hybride, gegenüber der klassischen Prozesskostenrechnung dadurch, dass die Annahme eines linearen Kostenverlaufs aufgehoben wird und jeder Prozess durch mehrere Kostentreiber beschrieben werden kann.[242]

Hauptnutzen der hybriden PKR ist im Zuge eines ganzheitlichen Kostenmanagements die Schaffung einer Basis an Informationen für eine frühzeitige Gestaltung der Kosten. Eine prozessorientierte Gestaltung und Planung der Lebenszykluskosten steht dabei an erster Stelle.[243]

4.2.5.1 Ablauf der hybriden Prozesskostenrechnung

Die im Folgenden beschriebene Methodik der hybriden Prozesskostenrechnung bezieht sich auf das Working Paper von Soth[244] und ist in drei Schritte untergliedert:

1. Schritt: Prozessanalyse

Der erste und zugleich aufwändigste Schritt der hybriden PKR ist die Prozessanalyse. Ziel ist die strukturierte und transparente Aufführung aller entscheidungsrelevanten Prozesse während des HLB-Lebenszyklus sowie eine Zuordnung von Tätigkeiten. Dieses Vorgehen entspricht dem der flexiblen Prozesskostenrechnung weitestgehend, denn für jedes HLB ist eine gesonderte Prozessanalyse durchzuführen. Im Folgenden sollen nur die Erweiterungen und Unterschiede genauer erklärt werden.

Der Umfang der Prozessanalyse ist stark abhängig vom Geschäftsmodell, denn unter entscheidungsrelevanten Prozessen werden jene verstanden, die in den Verantwortungsbereich des Anbieters fallen. Ist das Geschäftsmodell verfügbar-

---

[240] Vgl. Soth (2011), S. 50.

[241] Vgl. Soth (2011), S. 53.

[242] Vgl. Soth (2011), S. 53.

[243] Vgl. Soth (2011), S. 55f.

[244] Vgl. Soth (2011), S. 55-65.

keitsorientiert gewählt, übernimmt der Anbieter für einen gewissen Grad die Verantwortung über die Verfügbarkeit von Sachgütern. Im Rahmen des Ersatzteilmanagements beispielsweise sind alle Prozesse zur Sicherstellung der Verfügbarkeit und deren Kosten als entscheidungsrelevant einzustufen. Ist ein ereignisorientiertes Geschäftsmodell gewählt, fallen nicht nur die Prozesse zur Sicherung der Verfügbarkeit sondern darüber hinaus auch Betriebsprozesse in die Verantwortung des Anbieters. Aus diesem Grund müssen vor der eigentlichen Prozessanalyse zunächst die von Geschäftsmodell abhängigen entscheidungsrelevanten Prozesse durch Projektteams identifiziert werden.

Nachdem die entscheidungsrelevanten Prozesse ermittelt sind, werden diese im Folgeschritt strukturiert und festgestellt an welchen Stellen der externe Faktor einwirkt.[245] Um jedoch eine aussagekräftige Basis an Informationen für eine lebenszyklsorientierte Kostenrechnung zu gewinnen, werden die Prozesse im Rahmen der Prozessklassifikation weiter differenziert. Diese Klassifikation erfolgt über drei unterschiedliche Ausprägungsachsen in einem gedanklich dreidimensionalen Raum. Die zweidimensionale Ebene kategorisiert die Prozesse in abhängige und unabhängige Prozesse bezüglich der Dependenz zum Absatzobjekt auf Wert- (X-Achse) und Mengenbezug (Y-Achse). Damit ergeben sich vier Felder, die beschreiben inwieweit eine Änderung der Absatzleistung Einfluss auf die Kosten oder auf den Mengenaufwand eines Prozesses haben. Auf der dritte Achse der Prozessklassifikation wird der HBL-Lebenszyklus in HLB-Entwicklung und HLB-Erbringung unterteilt dargestellt. Insgesamt lässt sich jeder Prozess durch jede der drei Klassifikationen beschreiben und den folglich acht Kategorien zuordnen.

Beispielhaft wird zum Verständnis die präventive Instandhaltung eines Unternehmens untersucht. Im Zuge der Prozessanalyse ist der Prozess als entscheidungsrelevant zu bewerten, denn die Sicherstellung der Verfügbarkeit des Sachgutes fällt in den Verantwortungsbereich des Anbieters. Im Rahmen der anschließenden Prozessklassifikation kann der Prozess als mengenindividuell kategorisiert werden, da sowohl die Prozessdurchführungzeit als auch die Anzahl der Instandhaltungsprozesse variabel ist. Ein Wertbezug zum Absatzobjekt ist hingegen nicht festzustellen, denn die Kosten pro Zeiteinheit des Technikers ändern sich nicht. Der Prozess der präventiven Instandhaltung fällt zum Zeitpunkt der

---

[245] Zur Visualisierung empfiehlt Soth hierzu ebenfalls die Methode des Blueprinting. (Vgl. Soth (2011), S. 57; Abschnitt 4.2.3.3).

HBL-Erbringung an und ist dieser Prozesskategorie zuzuordnen. So lässt sich der Prozess in Bezug zum Absatzobjekt und hinsichtlich der Lebenszyklusphase eindeutig differenzieren.

2. Schritt: Bestimmung langfristig wirkender Kostentreiber

Um das Kostenvolumen der einzelnen entscheidungsrelevanten Prozesses festzustellen, werden diesen im Anschluss an die Prozessanalyse langfristig wirkende Kostentreiber zugeordnet. Ausgeschlossen davon sind repetitive Standardprozessen, deren Kostentreiber keine Abhängigkeit zum Absatzobjekt aufweisen. Diese Prozesse fallen in das Aufgabenfeld der klassischen Prozesskostenrechnung.[246]

Besondere Beachtung zur Bestimmung der Kostentreiber finden Kostenbestimmungsfaktoren, die zum Zeitpunkt der Sachleistungskonstruktion der HBL einen entscheidenden Einfluss auf die Prozesse des Lebenszyklus haben. Dabei handelt es sich laut Soth um Konstruktionsentscheidungen wie Material, Geometrie oder Architektur der Sachleistung. Ausgehend davon werden langfristig wirkende Kostentreiber identifiziert, die von den Konstruktionsentscheidungen beeinflusst werden. Anschließend werden die ermittelten Kostentreiber den Prozessen zugeordnet. Durch dieses Vorgehen kann final ein Zusammenhang erkannt werden, welche Konstruktionsentscheidungen Auswirkungen auf die Prozesse und deren Kosten haben.

Führt man das oben erläuterte Prozessbeispiel der „präventiven Instandhaltung" fort, ist zu untersuchen, welche Konstruktionsentscheidungen einen Einfluss auf die zuvor festgestellte Mengenindividualität haben. Beispielsweise die Architektur der Kernleistung hat einen erheblichen Einfluss auf die relevanten Kostentreiber, denn eine steigende Anzahl verbauter Einzelteile führt zu einer Kostensteigerung der präventiven Instandhaltung. Durch diesen Zusammenhang werden Stellschrauben ersichtlich, die für die Kostensteuerung von großem Wert sind.

3. Schritt: Kalkulation

Der Schritt der Kalkulation ist dem Vorgehen der flexiblen Prozesskostenrechnung ähnlich. Um den Einfluss der Kostentreiber auf die jeweiligen entscheidungsrelevanten Prozesse zu ermitteln, wird auch hier auf die Kostenkurve zurückgegriffen. Dabei wird für jeden Kostentreiber anhand eines Referenzprozes-

---

[246] Auch für repetitive Standardprozesse müssen im Rahmen der klassischen PKR Kostentreiber definiert werden. Vgl. dazu Abschnitt 3.2 Vorgehen der Prozesskostenrechnung.

ses eine Kostenkurve bestimmt.[247] Dabei steht nicht nur die Bewertung des Prozesse sondern vielmehr die Bereitstellung von Informationen über Gestaltungsmerkmale für die Entwicklung im Vordergrund. Aus der Variation der Kostentreiber ergibt sich eine Kostendifferenz, welche diese Informationsfunktion erfüllt. Somit kann die flexible Prozesskostenrechnung frühzeitig für eine am Lebenszyklus orientierte Kostenplanung eingesetzt werden.[248]

4.2.5.2 Beurteilung der hybriden Prozesskostenrechnung

Die hybride Prozesskostenrechnung ist ein auf der klassischen Prozesskostenrechnung basierendes Kostenverfahren mit der Aufgabe der Kostensteuerung. Bedingt durch die Integration von Dienst- und Sachleistungen zeichnen sich Wertschöpfungsprozesse bei hybriden Leistungsbündeln durch ein hohes Maß an Individualität und Komplexität aus.[249]

Auch wenn die flexible Prozesskostenrechnung bereits Lösungsansätze für diese Anforderungen liefert, dient sie in erster Linie dem Kalkulationsziel bzw. der Kostenerfassung der Kundenintegrationsprozesse.[250] Mit Hilfe der langfristig wirkenden Kostentreiber kann bereits frühzeitig eine Prognose über die Kosten einzelner Prozesse sowie die abweichenden Kosten durch eine Veränderung der Aktivitäten gegeben werden. Dadurch bietet das Verfahren die Möglichkeit, Kostensenkungspotentiale für Sach- wie Dienstleistungen über sämtliche Phasen des Lebenszyklus zu erkennen.[251]

Mittels dieser lebenszyklusorientierten Kostenprognose leistet die hybride Prozesskostenrechnung zusätzlich einen Beitrag dazu, Wechselwirkungen zwischen den Planungs- und Entwicklungskosten sowie den Kosten der Erbringung sichtbar zu machen. Vom so genannte Trade-Off ausgehend können Kosten zum Zeitpunkt der Leistungserbringung durch einen Mehraufwand in der Entwicklungsphase reduziert werden, wodurch sich die Gesamtkosten senken lassen.[252] Weil es sich insgesamt um ein relativ neues System der Prozesskostenrechnung handelt,

---

[247] Vgl. dazu Abschnitt **Fehler! Verweisquelle konnte nicht gefunden werden. Fehler! Verweisquelle konnte nicht gefunden werden.**.

[248] Vgl. Soth (2011), S. 55-65.

[249] Vgl. Steven/Grandjean (2016), S. 492.

[250] Vgl. Soth (2011), S. 52f.

[251] Vgl. Steven/Grandjean (2016), S. 492.

[252] Vgl. Soth (2011), S. 50.

finden sich in der Literatur aktuell noch wenige, kritische Auseinandersetzungen mit diesem Verfahren.

4.2.6 Weitere Modifikationen

In dem von Braun und Walch verfassten Artikel „Prozesskostenrechnung – Was bisher fehlte", bieten die Autoren ergänzende Schritte für die klassische Prozesskostenrechnung. Sie stellen heraus, dass die Prozesskostenrechnung „ohne Zweifel eines der wichtigsten Instrumente zur Kosten- und Produktivitätsanalyse"[253] ist, jedoch in der konkreten Umsetzung immer wieder Fragen aufwirft. Sie bemängeln, dass die Prozesskostenrechnung für die Berechnung der Mitarbeiterkapazität oder für die Kapazitäts- und Kostenzuordnung keine tiefgehenden Lösungen bietet. Die Mitarbeiterkapazität, der entscheidende Schlüssel für die Kostenzurechnung, wird in Mannjahren bestimmt, was sich in der Praxis als ungebräuchlich herausstellt, weil Mitarbeiter oft an mehreren Prozessen beteiligt sind. Zudem besteht das Risiko, das Prozesskosten-sätze durch unwirtschaftliches Arbeiten zu hoch ausfallen, was für folgende Maßnahmen wie bspw. die Budgetierung problematisch ist. Kritisch betrachtet wird darüber hinaus die praktische Umsetzung der Prozesskostenrechnung in Bezug auf die Kapazitäten- und Kostenzurechnung auf die jeweiligen Prozesse. Die ergänzenden Schritte orientieren sich grundlegend an der Vorgehensweise von Horváth und Mayer, auf die im Folgenden nicht genauer eingegangen wird.[254]

Nach der Bestimmung der einzubeziehenden Bereiche, der Definition der Zielsetzung sowie der Bestimmung möglicher Hauptprozesse und Kostentreiber ergeben sich erste Ergänzungen in der Tätigkeitsanalyse zur Teilprozessermittlung. Als Grundlage für die Tätigkeitsanalyse dienen die Prozesszeiten der betrachteten Teilprozesse. Zur Ermittlung wird der Prozess mehrfach durchgeführt und ein Mittelwert aus den einzelnen Prozesszeiten berechnet. Im folgende Schritt der Kapazitäts- und Kostenzuordnung werden die Personalkosten auf die Prozesse umgelegt. Dazu wird zunächst durch die Multiplikation des Kostentreibers mit der zuvor ermittelten Prozesszeit der Soll-Wert für die Prozessdauer innerhalb eines Jahres bestimmt. Im Anschluss wird auf diese Zeit die so genannte Verteil-

---

253 Braun/Walch (2017), S. 64.
254 Vgl. dazu Absatz 3.2 Vorgehen der Prozesskostenrechnung.

zeit addiert.[255] Diese unproduktive Zeit der Mitarbeiter bspw. durch Pausen oder Besprechungen wird bei der klassischen PKR nicht berücksichtigt, was im Rahmen der Kostenzuordnung zu unrealistisch niedrigen Prozesskosten führen kann. Für den benötigten Mitarbeiterstundensatz der Kostenzuordnung bemängeln Braun und Walch weiterhin, dass in der Literatur dazu „selten konkrete Hinweise"[256] zu finden sind. Sie schlagen die Kalkulation mit der jährlichen Normalzeit vor, also die Arbeitstage abzüglich Urlaub, Fehltage, Weiterbildungstage etc. womit auch Personalkosten verrechnet werden können, die bei Ausfall weiterhin anfallen.

Im folgenden Schritt erfolgt ein Abgleich der ermittelten Sollzeit mit der Normalzeit. Ist die Differenz dieser zwei Werte gering, können Änderungen bspw. an der Verteilzeit oder an der Anzahl der Fehltage vorgenommen werden. Ist eine Differenz selbst nach der Anpassung noch vorhanden, können bereits zu diesem Zeitpunkt Rückschlüsse über eine Unwirtschaftlichkeit oder Überlastung bei der Prozessausführung gezogen werden.

Die anschließende Berechnung des Prozesskostensatzes erfolgt sowohl für die hypothetisch anfallenden Kosten der Sollzeit als auch für die Normalzeit (Istzeit). Für zukunftsgerichtete Kalkulationen, Wirtschaftlichkeitsanalysen und Planungen wird der Soll-Prozesskostensatz herangezogen. Bei Verwendung des Ist-Prozesskostensatz würde unter Umständen mit unwirtschaftlichem Arbeiten geplant und bewertet werden.

Die Hauptprozessverdichtung erfolgt identisch zur klassischen PKR und auch die Kalkulation der Kostenträger ist in der Vorgehensweise gleich. Dabei wird eine differenzierte vergangenheits- und zukunftsorientierte Kalkulation vorgenommen. Die vergangenheitsorientierte Kalkulation erfolgt mit den Ist-Prozesskosten und liefert Erkenntnisse über die angefallenen Prozesskosten je Produkt. Die zukunftsorientierte Kalkulation hingegen verwendet den Soll-Prozesskostensatz und dient als Basis für Budgetierung, Kostenplanung, Prozessplanung und Personalbedarfsanalyse.

Damit sind die Ergebnisse des gezeigten Vorgehens unmittelbar relevant für weitere Verfahren des Rechnungswesens. Zudem sind die Prozesskostensätze belast-

---

[255] Das Bestimmen der Verteilzeit erfolgt entweder durch Gespräche mit den Mitarbeitern oder mithilfe des Richtwerts von 15% der Normalzeit. (Vgl. Braun/Walch (2017), S. 66).
[256] Braun/Walch (2017), S. 66.

bar, denn sie beinhalten die Verteilzeit und sind von Unwirtschaftlichkeiten bereinigt. Des Weiteren ist die Mitarbeiterauslastung im Folgenden leicht zu bestimmen und Unwirtschaftlichkeiten werden sichtbar. Die Berücksichtigung der Verteilzeit macht die Gesamtauslastung für jeden Mitarbeiter ersichtlich, wodurch das Verfahren Grundlage für die Personalbedarfsanalyse ist.[257]

---

[257] Vgl. Braun/Walch (2017), S. 64-70.

5 Zusammenfassung und Fazit

Bedingt durch die Wende von Verkäufer- zu Käufermärkten und die einhergehenden fundamentalen Veränderungen im Produktprogramm der Unternehmen sind traditionelle Kostenrechnungssysteme nicht mehr in der Lage, das betriebliche Geschehen ausreichend abzubilden. Die traditionelle Kostenrechnung verrechnet die anfallenden Kosten mit Hilfe einer Zuschlagskalkulation auf die verschiedenen Produkte. Einzelkosten können direkt auf das jeweilige Produkt zugeordnet werden während sich Gemeinkosten nicht direkt zuordnen lassen und über Zuschlagssätze verrechnet werden. Weil dieses Verfahren nicht die tatsächliche Leistungsinanspruchnahme berücksichtigt, wird es dem Verursacherprinzip nicht gerecht und ist in Zeiten stetig steigender Gemeinkosten nicht mehr zeitgemäß.

Das von Johnson und Kaplan entwickelte Activity-Based Costing und die für den deutschen Raum durch Horváth und Mayer angepasste Prozesskostenrechnung verbessern die Gemeinkostenaufschlüsselung und ermöglichen eine verursachungsgerechtere Verteilung der anfallenden Kosten. Die betriebliche Transparenz wird erhöht und Kostenverursacher werden besser sichtbar. Vernachlässigt wird hingegen, dass der Zeitbedarf für eine Vielzahl an Prozessen unterschiedlich ist und die Repetitivität von Tätigkeiten speziell für kundenindividuelle Produkte oft nicht gegeben ist. Außerdem ist das Verfahren auf indirekte Unternehmensbereiche begrenzt. Weil der Prozesskostensatz von der Kapazitätsauslastung abhängt, die ebenfalls nicht berücksichtigt wird, entstehen auch hier Ungenauigkeiten.

Dieser Kritikpunkt wird erstmals vom **Time-Driven Activity-Based Costing** aufgenommen, wodurch die Prozesskostenrechnung um ein dynamisches Element erweitert wird. Durch die Hinzunahme der Prozessdurchführungsdauer werden wichtige Informationen über genutzte und ungenutzte Kapazitäten gewonnen, wodurch sich der Prozesskostensatz präziser darstellen lässt.

Die **ressourcenorientierte Prozesskostenrechnung** verfolgt das Ziel, verschiedene Produktvarianten verursachungsgerecht bewerten zu können und dehnt die Prozesskostenrechnung auf die direkten Bereiche des Unternehmens aus. Durch kostenrelevante Parameter wird der Ressourcenverzehr exakt und nicht zwangsläufig linear abgebildet und den Produkten direkt zugeordnet. Dadurch eignet sich das Verfahren für frühzeitige Prognosen und zur Unterstützung kostenwirksamer Entscheidungen.

Speziell auf die Besonderheiten von Dienstleistungsunternehmen abgestimmt erfasst das von Reckenfelderbäumer entwickelte und von Schweikart überarbeitete Konzept der **differenzierte Prozesskostenrechnung** ebenfalls das gesamte Unternehmen. Teilprozesse werden hinsichtlich der Kontaktintensität des Kunden differenziert und auch die Bezugsnähe der Prozesse zum Absatzobjekt werden berücksichtigt. So ermöglicht das Verfahren eine fundiertere sowie verursachungsgerechtere Vorgehensweise gegenüber der klassischen Prozesskostenrechnung im Rahmen der Kalkulation. Die Anteile der Kosten, die vom externen Faktor abhängig sind, lassen sich durch die differenzierte Prozesskostenrechnung bestimmen, wohingegen der Einfluss des externen Faktors auf die Kosten nicht quantifizierbar ist.

Die **flexible Prozesskostenrechnung** knüpft an diesen Kritikpunkt an und bildet die kostenrechnerischen Auswirkungen der Integration des externen Faktors ab. Darüber hinaus eignet sie sich auch für nicht repetitive Prozesse. Durch die Hinzunahme der Kostenkurve werden die aus der Kundenintegration hervorgehenden Unsicherheiten kostenrechnerisch berücksichtigt und eine ganzheitlich Betrachtung der Kostenentstehung ist möglich.

Wie in **Fehler! Verweisquelle konnte nicht gefunden werden.** zu sehen ist, verbindet Soth eine Vielzahl von Aspekten der vorgestellten Modifikationen der Prozesskostenrechnung und fasst sie in der **hybriden Prozesskostenrechnung** zusammen. Auch wenn dieses Verfahren speziell für Hybride Leistungsbündel konzipiert ist, stellt es das mit Abstand ganzheitlichste Verfahren dar, denn eine Vielzahl von Unternehmen ist zunehmend gezwungen über die typischen Sachleistungen hinaus zusätzliche Dienstleistungen anzubieten. Durch die Beachtung von Wechselwirkungen der beiden Leistungsformen kann der Trade-Off zwischen den Anfangs- und Folgekosten bewertet werden. Damit dient die hybride PKR als Informationsbasis für eine frühzeitige Kostengestaltung im Rahmen eines ganzheitlichen Kostenmanagements.

Anforderungen	Klassische PKR (Vgl. Kapitel 3)	Time-driven ABC (Vgl. Abschnitt 4.2.1)	Ressourcen-orientierte PKR (Vgl. Abschnitt 4.2.2)	Differenzierte PKR (Vgl. Abschnitt 4.2.3)	Flexible PKR (Vgl. Abschnitt 4.2.4)	Hybride PKR (Vgl. Abschnitt 4.2.5)
Strategisch ausgerichtetes Instrumentendesign	●	●	●	●	●	●
Berücksichtigung der Gemeinkostenproblematik	●	●	●	●	●	●
Prozesseinteilung hinsichtlich der Integration externer Faktoren	○	○	○	●	●	●
Abbildung der Kostenwirkungen aus der Integration externer Faktoren	○	○	○	○	●	●
Informationen des Kapazitätsauslastungsgrades	○	●	◖	○	○	●
Identifikation langfristig wirkender Kostentreiber indirekter Bereiche	◖	◖	◖	◖	◖	●
Darstellung kostenrechnerischer Konsequenzen zwischen Konstruktionsentscheidungen und Gemeinkostenvolumen	◖	◖	◖	◖	◖	●
Lebenszyklusorientierte Kostenplanung zur Bewertung des Trade-Off zwischen Entwicklung und Erbringung	○	○	○	○	◖	●
Nicht lineares Verhalten zwischen Kostentreibern und dem Verbrauch an Ressourcen	○	○	●	○	●	●

Abbildung 8: Gegenüberstellung der vorgestellten Kostenrechnungssysteme[258]

---

[258] In Anlehnung an Soth (2011), S. 52.

Im Fokus zukünftiger Forschungsanstrengungen sollte weniger ein weiterentwickeltes System der Prozesskostenrechnung stehen. Laut einer empirischen Untersuchung des Prozesskostenmanagements in Deutschland liegen die größten Hindernisse bei der Implementierung der PKR in Umsetzungsunsicherheiten der Unternehmen. Konkret stellt die Messung und Definition der Maßgrößen das größte Problem der Einführung dar.[259] Hier besteht die Möglichkeit, die bereits bestehenden Verfahren zu vertiefen und zu verfeinern. Auch andere Autoren wie bspw. Braun und Walch kritisieren, dass die praktische Durchführeng der Prozesskostenrechnung oft Probleme und Fragen aufwirft.[260] Von Seiten der Wissenschaft besteht damit Handlungsbedarf zur Unterstützung der praktischen Umsetzung.

---

[259] Vgl. Stoi (1999), S. 9.
[260] Vgl. Braun/Walch (2017), S. 64.

Literaturverzeichnis

Monographien und Aufsätze aus Sammelwerken, Festschriften etc.

Baltzer, B./Zirkler, B. (2012): Time-Drivern Activity-based Costing – Entwicklung, Methodik, Anwendungsfelder, AV Akademikerverlag, Saarbrücken.

Barth, T./Barth, D. (2008): Controlling, 2. Aufl., Oldenbourg Verlag, München.

Böhler, W. (1995): Prozeßkostenrechnung als funktionale Komponente einer geschlossenen Kostenrechnungsstandardsoftware in: Männel, W. (Hrsg.): Prozesskostenrechnung – Bedeutung, Methoden, Branchenerfahrungen, Softwarelösungen, Gabler Verlag, Wiesbaden, S. 329-342.

Braun, S. (1999): Die Prozesskostenrechnung – Ein fortschrittliches Kostenrechnungssystem?, 3. Aufl., Verlag Wissenschaft & Praxis, Sternenfels.

Brühl, R. (2012): Controlling – Grundlagen des Erfolgscontrollings. 3. Aufl., De Gruyter Oldenbourg, München.

Coenenberg, A. G./Fischer, T. M./Günther, T. (2012): Kostenrechnung und Kostenanalyse. 8. Aufl., Schäffer-Poeschel, Stuttgart.

Eberlein, J. (2010): Betriebliches Rechnungswesen und Controlling. 2. Aufl., Oldenbourg, München.

Eversheim, W. (1996): Prozeßorientierte Unternehmensorganisation – Konzepte und Methoden zur Gestaltung "schlanker" Organisationen, 2. Aufl., Springer Verlag, Berlin.

Friedl, B. (2016): Prozesskostenrechnung für das Kostenmanagement im Dienstleistungsbereich, in: Corsten, H./Roth, S. (Hrsg.): Handbuch Dienstleistungsmanagement, Vahlen, München, S. 1109-1128.

Gaiser, B. (1998): Prozesskostenrechnung und Activity Based Costing, in: Horváth & Partner GmbH (Hrsg.): Prozesskostenmanagement – Methodik und Anwendungsfelder, 2. Aufl., München, S. 65-77.

Götze, U. (2010): Kostenrechnung und Kostenmanagement, 5. Auf., Gabler Verlag, Wiesbaden.

Hoitsch, H.-J./Lingnau, V. (2007): Kosten- und Erlösrechnung – Eine controllingorientierte Einführung, 6. Aufl., Springer Verlag, Heidelberg.

Horsch, J. (2010): Kostenrechnung – Klassische und neue Methoden in der Unternehmenspraxis, Gabler Verlag, Wiesbaden.

Horváth, P. (2011): Controlling. 12. Aufl., Vahlen, München.

Horváth, P./Mayer, R. (1995): Konzeption und Entwicklung der Prozesskostenrechnung, in: Männel, W. (Hrsg.): Prozesskostenrechnung – Bedeutung, Methoden, Branchenerfahrungen, Softwarelösungen, Gabler Verlag, Wiesbaden, S. 59-86.

Johnson, H./Kaplan, R.S. (1987): Relevance Lost – The Rise and fall of Management Accounting, Harvard Business School Press, Boston.

Kaplan, R.S./Cooper, R. (1999): Prozesskostenrechnung als Managementinstrument, Campus Verlag, Frankfurt am Main.

Kieninger, M. (1991): Realisierung der Prozeßkostenrechnung mit dem PC-Programm PROKOS, in: IFUA Horvath & Partner GmbH (Hrsg.): Prozeßkostenmanagement – Methodik, Implementierung, Erfahrungen, Vahlen, München, S. 129-153.

Kleinaltenkamp, M./Fließ, S. (1995): Entwicklung einer strategischen Marketingkonzeption, in: Kleinaltenkamp, M./Plinke, W. (Hrsg.): Technischer Vertrieb – Grundlagen, Springer Verlag, Berlin et al, S. 947-1021.

Krager, M. (2011): Zahlungsbereitschaftsmessung für industrielle Hybride Leistungsbündel – Methodik und empirische Validierung, Gabler Verlag, Wiesbaden.

Krump, F. (2003): Diffusion prozessorientierter Kostenrechnungssysteme – State of the Art in der österreichischen Unternehmenspraxis, Deutscher Universitätsverlag, Wiesbaden.

Lindemann, U./Reichwald, R./Zäh, M.F. (2006): Individualisierte Produkte – Komplexität beherrschen in Entwicklung und Produktion, Springer Verlag, Heidelberg.

Männel, W. (1999): Entwicklungsperspektiven der Kostenrechnung. 5 Aufl., Verlag der GAB, Lauf an der Pegnitz.

Mayer, E./Liessmann, K./Mertens, H.-W. (1996): Kostenrechnung – Grundwissen für den Controllerdienst, 6. Aufl., Schäffer-Poeschel Verlag, Stuttgart.

Mayer, R. (1998): Prozesskostenrechnung – State of the Art, in: Horváth & Partner (Hrsg.): Prozesskostenmanagement, 2. Aufl., Vahlen, Stuttgart, S. 3-28.

Mayer, R./Kaufmann, L. (2000): Prozesskostenrechnung II, in: Fischer, T.M. (Hrsg.): Kosten-Controlling, Stuttgart, S. 291-322.

Müller, A. (1992): Gemeinkosten-Management – Vorteile der Prozeßkosten-rechnung, Gabler Verlag, Wiesbaden.

Olshagen, C. (1991): Prozeßkostenrechnung – Aufbau und Einsatz, Gabler Verlag, Wiesbaden.

Reckenfelderbäumer, M. (1995): Marketing-Accounting im Dienstleistungsbe-reich – Konzeption eines prozeßkostengestützten Instrumentariums, Gabler Verlag, Wiesbaden.

Reckenfelderbäumer, M. (1998): Entwicklungsstand und Perspektiven der Pro-zeßkostenrechnung, 2. Aufl., Gabler Verlag, Wiesbaden.

Remer, D. (2005): Einführen der Prozesskostenrechnung. 2. Auf., Schäffer-Poeschel, Stuttgart.

Rumer K. (1994): Internationale Kooperationen und Joint Ventures, Gabler Verlag, Wiesbaden.

Salman, R. (2002): Die Erfassung von Produktions- und Transaktionskosten in der Prozesskostenrechnung, in: Mühlbacher, H./Thelen, E. (Hrsg.): Neue Entwicklung im Dienstleistungsmarketing, Deutscher Universitätsverlag, Wiesbaden, S. 143-166.

Salman, R. (2004): Kostenerfassung und Kostenmanagement von Kundeninteg-rationsprozessen, Deutscher Universitätsverlag, Wiesbaden.

Schroeter, B. (2002): Operatives Controlling – Aufgaben, Objekte, Instrumente, Gabler Verlag, Wiesbaden.

Schuh, G. (1988): Gestaltung und Bewertung von Produktvarianten, Ein Beitrag zur systematischen Planung von Serienprodukten, Dissertation, RWTH Aachen.

Schuh, G./Kaiser, A (1995): Kostenmanagement in Entwicklung und Produktion mit der Ressourcenorientierten Prozeßkostenrechnung, in: Männel, W. (Hrsg.): Prozesskostenrechnung – Bedeutung, Methoden, Branchenerfah-rungen, Softwarelösungen, Gabler Verlag, Wiesbaden, S. 369-382.

Schweikart, J. (1997): Integrative Prozeßkostenrechnung – Kundenorientierte Analyse von Leistungen im industriellen Business-to-Business-Bereich, Gabler Verlag, Wiesbaden.

Schwengels, C. (2004): Ein Verfahren zur kostenorientierten Entwicklung von Dienstleistungen im Rahmen hybrider Produkte, Stuttgart.

Serfling, K. (1992): Controlling. 2. Aufl., Kohlhammer Verlag, Stattgart.

Steven, M./Grandjean, L. (2016): Controlling hybrider Leistungsbündel, in: Corsten, H./Roth, S. (Hrsg.), Handbuch Dienstleistungsmanagement, Vahlen, München, S. 481-499.

Stoi, R. (1999): Prozessorientiertes Kostenmanagement in der deutschen Unternehmenspraxis, Vahlen, München.

Zeitschriftenaufsätze

Braun, D./Walch, M. (2017): Prozesskostenrechnung – Was bisher fehlte, in: Controlling & Management, 61. Jg., Heft 4, S. 64-70.

Coenenberg, A.G./Fischer, T.M. (1991): Prozesskostenrechnung – Strategische Neuorientierung in der Kostenrechnung, in: Die Betriebswirtschaft, 51. Jg., Heft 1, S. 21-38.

Coners, A./von der Hardt, G. (2004): Time-Driven Activity-Based Costing – Motivation und Anwendungsperspektiven, in: Controlling und Management. 48. Jg., Heft 2, S. 108-118.

Coners, A. (2007): Time-Driven Activity-Based Costing, in: Controlling, 19. Jg., Heft 6, S. 343-346.

Dobrindt, M. (2003): Einsatz der Prozesskostenrechnung in der universitären Lehre, Institut für Wirtschaftsinformatik, Georg-August-Universität Göttingen, Arbeitsbericht Nr. 20/2003.

Drury, C. (1989): Activity-Based Costing, in: Management Accounting, o. Jg., Heft September, S. 60-66.

Erben, H. (1991): Prozeß-Controlling – Grundvoraussetzung für eine marktorientierte Leistungs- und Gemeinkostenoptimierung, in: Kompetenz – Das Diebald Management Journal, o. Jg., Heft 14, S. 40-48.

Franz, K.-P. (1991): Prozeßkostenrechnung – Renaissance der Vollkostenidee?, in: Die Betriebswirtschaft, 51. Jg., S. 536-540.

Glaser, H. (1991): Zur Bedeutung der Prozeßkostenrechnung als Controlling-Instrument, in: Controlling, 3. Jg., Heft 6, S. 299-301.

Homburg, C./Weiß, M. (2004): Wertorientiertes Controlling und kapitalorientierte Prozesskostenrechnung, in: Zeitschrift für Controlling und Management, 48. Jg., Heft 1, S. 48-53.

Horvath, P./Mayer, R. (1989): Prozeßkostenrechnung – Der neue Weg zu mehr Kostentransparenz und wirkungsvolleren Unternehmensstrategien, in: Controlling, 1 Jg., Heft 1, S. 214-219.

Horváth, P./Mayer, R. (1993): Prozesskostenrechnung – Konzeption und Entwicklungen, in: Kostenrechnungspraxis, 37. Jg., Sonderheft 2, S. 15-28.

Horváth, P./Renner, A. (1990) Prozesskostenrechnung – Konzept, Realisierung und erste Erfahrungen, in: Fortschrittliche Betriebsführung und Industrial Engineering, 39. Jg., Heft 3, S. 100-107.

Horváth, P./Kieninger, M./Mayer, R./Schimank, C. (1993): Prozesskostenrechnung – oder wie die Praxis die Theorie überholt – Kritik und Gegenkritik, in: Die Betriebswirtschaft, 53. Jg., Heft 5, S. 609-628.

Isbruch, F./Batzlen, S. (2011): Prozesskostenrechnung, in: Controlling: Zeitschrift für erfolgsorientierte Unternehmenssteuerung, 23. Jg., Heft 10, S. 521-526.

Kaplan, R.S./Anderson, S.R. (2004): Time-driven Activity-based Costing, in: Harvard Business Review, 82. Jg., Heft 11, S. 131-138.

Mayer, R. (1990): Prozeßkostenrechnung, in: Kostenrechnungspraxis, o. Jg. , Heft 5, S. 307-312.

Mayer, R./Glaser, H. (1991): Die Prozesskostenrechnung als Controllinginstrument – Pro und Contra, in: Controlling, 3. Jg. 1991, Heft 6, S. 296-303.

Miller, J./Vollmann T. (1985): The Hidden Factory, in: Harvard Business Review, 63 Jg., Heft 5, S. 142-150.

Picot, A. (1990): Strukturwandel und Wettbewerbsdruck, in: Zeitschrift für betriebswirtschaftliche Forschung, 42. Jg., Heft 2, S. 121.

Soth, T. (2011): Prozesskostenrechnung für hybride Leistungsbündel, in: Arbeitsbericht des Lehrstuhls für Produktionswirtschaft, o. Jg., Heft 11.

Stoi, R. (1999): Prozeßkostenmanagement in Deutschland – Ergebnisse einer empirischen Untersuchung, in: Controlling, 11. Jg., Heft 2, S. 53-60.

Internet-Quellen

Schneck, O. (2015), BLUEPRINTING – DEFINITION, www.finanzen.net/wirtschaftslexikon/Blueprinting/9, (Abruf: 10.07.2018).